Räumliches
Vorstellungsvermögen
trainieren

T0312388

Räumliches Vorstellungsvermögen trainieren

Ein Arbeitsbuch für Architekturstudierende

Andri Gerber (Hrsg.)

Birkhäuser
Basel

Herausgeber
Andri Gerber
Professor Städtebaugeschichte, ZHAW Winterthur

Gedruckt mit freundlicher Unterstützung des
Departements Architektur, Gestaltung und Bauingenieurwesen,
ZHAW Winterthur

Acquisitions Editor: David Marold, Birkhäuser Verlag, AT-Wien
Content & Production Editor: Angelika Gaal, Birkhäuser Verlag, AT-Wien
Übersetzung ins Deutsche: Christiane Böhme-Wilk, DE-Postbauer-Heng
Layout und Covergestaltung: Sven Schrape, DE-Berlin
Litho: Pixelstorm, AT-Wien
Druck: BELTZ Bad Langensalza GmbH, DE-Bad Langensalza

Library of Congress Control Number: 2020935864

Bibliografische Information der Deutschen Nationalbibliothek
Die Deutsche Nationalbibliothek verzeichnet diese Publikation in der Deutschen Nationalbib-
liografie; detaillierte bibliografische Daten sind im Internet über http://dnb.dnb.de abrufbar.

Dieses Werk ist urheberrechtlich geschützt. Die dadurch begründeten Rechte, insbesondere die
der Übersetzung, des Nachdrucks, des Vortrags, der Entnahme von Abbildungen und Tabellen, der
Funksendung, der Mikroverfilmung oder der Vervielfältigung auf anderen Wegen und der Speiche-
rung in Datenverarbeitungsanlagen, bleiben, auch bei nur auszugsweiser Verwertung, vorbehalten.
Eine Vervielfältigung dieses Werkes oder von Teilen dieses Werkes ist auch im Einzelfall nur in
den Grenzen der gesetzlichen Bestimmungen des Urheberrechtsgesetzes in der jeweils geltenden
Fassung zulässig. Sie ist grundsätzlich vergütungspflichtig. Zuwiderhandlungen unterliegen den
Strafbestimmungen des Urheberrechts.

ISBN 978-3-0356-2210-2

Englische Print-ISBN 978-3-0356-2043-6

© 2020 Birkhäuser Verlag GmbH, Basel
Postfach 44, 4009 Basel, Schweiz
Ein Unternehmen der Walter de Gruyter GmbH, Berlin/Boston

9 8 7 6 5 4 3 2 1

www.birkhauser.com

Aus Gründen der besseren Lesbarkeit wird auf die gleichzeitige Verwendung der männlichen und
weiblichen Sprachform im Text verzichtet. Die Anwendung der männlichen Form wird als neutral
betrachtet und schließt immer auch die weibliche Form mit ein.

INHALT

RAUM IM KOPF – JETZT DIE ZUKUNFT

Die Aufgabe der Architektinnen und Architekten ist es, die Welt immer wieder neu zusammenzusetzen. Der Inhalt ihrer Arbeit ist dabei bestimmt durch gesellschaftliche Herausforderungen wie Klimakrise, Interessenkonflikte, Ressourcenverbrauch, Wirtschaftswachstum, Wohnungsknappheit, den gesellschaftlichem Wandel und die sich auch stetig widersprechenden Interessen unterschiedlichster Akteure wie Auftraggeber, Politikerinnen, Verwaltungen, Grundbesitzer, Nutzerinnen, Besucher, Investoren, Unternehmerinnen, Gewerbetreibenden. Dazu gesellen sich kulturelle Bedingtheiten wie die während Jahrhunderten überformten Straßen, Gewässer, Topografien, das Handwerk, baukulturelle und technologische Errungenschaften, Erfahrungen und Kenntnisse im Umgang mit Schwerkraft, Naturgefahren, Materialeigenschaften. Schließlich ziehen Architektinnen und Architekten ihre Inhalte auch aus disziplinären Auseinandersetzungen darüber, wie die ideale Stadt und das richtige Bauen zu sein haben.

Aus dieser Vielzahl an Relationen alleine entstehen jedoch noch keine Architekturen, keine physische Stadt. Dazu braucht es eine Übersetzung der versammelten Inhalte in physischen Raum und in Raumfolgen, die in vielfältiger Beziehung zu wieder anderen bereits bestehenden Raumfolgen stehen. Eine solche Übersetzungsleistung ist nicht möglich ohne räumliches Vorstellungsvermögen – also die Fähigkeit, Raum vor dem „inneren Auge" zu sehen, sich darin zu bewegen und ihn zu verändern.

Dass räumliches Vorstellungsvermögen hilft, Zukünfte zu imaginieren und entsprechend Pläne dazu zu zeichnen, ist keine neue Erkenntnis in der Architektur. Aber ist das räumliche Vorstellungsvermögen bei Architektinnen und Architekten stärker ausgebildet als bei anderen Menschen? Verändert sich das Vorstellungsvermögen im Laufe der Ausbildung bei Architektinnen und Architekten? Und kann das Vorstellungsvermögen verbessert werden?

Mit diesen Fragen hat sich die Forschung, die diesem Buch zugrunde liegt, beschäftigt. Während Architektinnen und Architekten die Welt zusammensetzen, ist es die Aufgabe der Wissenschaften, die Welt auseinanderzunehmen, um Erkenntnisse daraus zu gewinnen. Aufgrund dieser gegensätzlichen Tätigkeiten sind Architektinnen und Architekten in der Forschung auf Allianzen mit Wissenschaften und wissenschaftlichen Vorgehensweisen angewiesen, um an zentralen Fragestellungen ihrer Disziplin arbeiten zu können. So haben die Kolleginnen und Kollegen des Lehrstuhls für Kognitionswissenschaft und des Lehrstuhls für Lehr- und Lernforschung einen wesentlichen Beitrag geleistet, das Denken der Architektinnen und Architekten mit ihrer Methodik zu durchleuchten und ihnen Hinweise zu geben, die ihr Tun betreffen. Umgekehrt ermöglicht es das räumliche Wissen der in der Forschung beteiligten Architektinnen und Architekten, neue Testaufgaben zu entwickeln, mit denen es möglich ist, spezifischeres Raumwissen, Verhaltensweisen und kognitive Fähigkeiten bei den Probanden zu erforschen.

Eine wesentliche Erkenntnis daraus wird hier vorweggenommen: Die Architekturausbildung verändert die Fähigkeit, sich Raum vorzustellen. Aus der Methodik und Didaktik der Architektur lassen sich folglich auch Übungen ableiten, das Vorstellungsvermögen zu trainieren – dies kommt auch anderen Disziplinen zugute.

Aufgrund der Forschungserkenntnisse könnte man nun dem Versuch erliegen, bei angehenden Architektinnen und Architekten zukünftig das räumliche Vorstellungsvermögen zu testen und je nach Resultat vom Studium abzuraten. Das wäre jedoch zu kurz gedacht – denn fehlendes räumliches Vorstellungsvermögen kann über analogen wie virtuellen Modellbau, zeichnerische oder sprachliche Fertigkeiten kompensiert und gleichzeitig trainiert werden. Für die Architektur von übergeordneter Bedeutung ist daher ein grundlegendes Interesse an der Wechselwirkung zwischen Raum und Gesellschaft, Gesellschaft und Architektur mit dem Ziel, an einer nachhaltig ausgerichteten Zukunft zu arbeiten.

Prof. Dr. Stefan Kurath,
Architekt und Urbanist, Institut Urban Landscape, ZHAW

DEFINITION DES RÄUMLICHEN VORSTELLUNGS-VERMÖGENS

WAS IST SO RÄUMLICH AN DER ARCHITEKTUR?

Andri Gerber

„Wir können nicht an Architektur denken, ohne auch an Raum zu denken. Selbst wenn wir sie nicht beschreiben können oder uns die Begriffe fehlen, um ihre spezielle Art zu benennen, setzt allein die Erwähnung einer Distanz, einer Größe, eines Abstands das Vorhandensein von Luft als Bestandteil der Architektur voraus. Diese Tatsache gilt als eines der fundamentalen Paradoxa unserer Disziplin, das uns unentwegt beschäftigt: Architektur ist untergliederte Luft, nicht nur die Luft selbst, sondern die Anordnung eines ätherischen Volumens mit anderen ähnlichen und dennoch verschiedenen Volumenkörpern. Die Untergliederung von Luft ist das Los unserer Fachrichtung."
Mauricio Pezo, Sofia von Ellrichshausen, 2016[1]

Die prägenden Geister der Architektur

Das vorliegende Buch basiert auf einem Forschungsprojekt, das zwischen 2016 und 2019 vom Institut Urban Landscape an der ZHAW (Prof. Dr. Kurath) in Zusammenarbeit mit der Professur Cognitive Science (Prof. Dr. Hölscher) und der Professur für Lehr- und Lernforschung (Prof. Dr. Stern) an der ETH Zürich durchgeführt wurde. Sowohl diese Publikation als auch das Forschungsprojekt selbst entsprangen einem Gefühl der Unzufriedenheit über unsere Unfähigkeit, Raum, und folglich auch Architektur, in präzise Worte fassen zu können. Der architektonische Diskurs ist aufgrund des besonderen Charakters dieser großartigen Fachrichtung zur Unschärfe verdammt. Zweifelsohne ist diese Unschärfe der Architektur und der Worte, die uns für ihre Beschreibung zur Verfügung stehen, nicht nur ein Makel, sondern auch ein Beleg für ihre poetischen Qualitäten. Dennoch bleibt damit ein tieferes Verständnis der Disziplin und ihrer Vorgänge verwehrt. Zudem war dieser Zustand häufig ein viel zu simpler Vorwand, um das Werk von Architekturschaffenden nicht hinterfragen zu müssen und stattdessen eine undurchsichtige Mauer zwischen der Architektur und „dem Rest der Welt" zu errichten. Im klassisch baulichen Sinne möchten wir im Folgenden diese Mauer einreißen, oder zumindest einige ihrer Steine abtragen und sie anschließend wieder an ihren Ursprungsort zurücksetzen. Genau damit müssen wir beginnen, wenn wir Architektur und ihre Prozesse besser verstehen wollen. Raum ist aufgrund seiner Mehrdeutigkeit und Wichtigkeit der perfekte Ausgangspunkt für dieses Vorhaben.

In der Vergangenheit wurde Architektur mit vielen Begriffen beschrieben. Man braucht nur die zahlreichen Architektursammelbände der neueren Zeit durchzublättern: Stil, Natur, Monumentalität, Ort, Form, Utopie, Proportionen, Struktur oder Technik, um nur einige zu nennen. Sie drücken einzelne Eigenschaften isoliert aus und wollen uns dadurch helfen zu verstehen, was Architektur ist und wie sie funktioniert. Viele dieser Begriffe bzw. Konzepte wurden aus anderen Fachbereichen in die Architektur eingetragen und öffneten die Architektur für bzw. verknüpften sie mit einem speziellen kulturellen Zeitgeist oder Einfluss – doch wie viele architekturspezifische Begriffe hatten im Gegenzug denselben Effekt, außer vielleicht *cella*/Zelle oder *grotto*/Groteske? Im Verlauf der Jahrhunderte entwickelten und veränderten sich diese Begriffe und kehrten mit einer neuen oder manchmal derselben Bedeutung in den architektonischen Diskurs zurück. Sie wurden zum Grundgerüst unserer Fachrichtung, das es uns ermöglicht, darüber zu sprechen. Unter diesen Begriffen nimmt „Raum" eine Sonderstellung ein, da er erst kürzlich in das Vokabular der Architektur aufgenommen wurde und viel schwerer zu beschreiben ist. Außerdem arbeiten noch viele andere Disziplinen mit Raumbegriffen, darunter Philosophie, Soziologie, Mathematik und Physik. Aber bei den meisten dieser Definitionen des Raums gibt es keine Überschneidungen, oder falls doch, führt dies zu Missverständnissen. Das birgt Probleme für Architekten, die in ihrem Diskurs die Grenzen dieser Unterschiede gerne verwischen lassen. Es gibt klassische Quellen für den Raumbegriff aus anderen Fachrichtungen, die in der Architektur herumgeistern, und diese werden fortwährend wiederholt, angefangen bei Martin Heideggers (1889–1976) *Bauen, Wohnen, Denken* (1951) bis hin zu Gaston Bachelards (1884–1962) *Poétique de l'espace* (1957). Diese Quellen sind in diversen architektonischen Anthologien zu finden, die sich dem „Raum" gewidmet haben, aber dort werden nur wenige echte Beispiele aus der Architektur diskutiert, wobei Bernard Tschumi die einzige Ausnahme bildet.[2] Doch es gibt auch Publikationen, die das Problem schon früh erkannten und eine stärker architektonisch geprägte Perspektive dazu einnahmen. Dazu zählen die deutschen Architekten Herman Sörgel (1885–1952) und Fritz Schumacher (1869–1947) sowie der deutsche Kunsthistoriker Albert Erich Brinckmann (1881–1958). Man muss nur die Einführung von Schumachers Buch *Der Geist der Baukunst* aus dem Jahr 1938 lesen, um all die oben angesprochenen Probleme zu erkennen: „Wenn sich ein Architekt in das unabsehbar scheinende Gebiet literarischer Arbeiten hineinwagt, das sich unter dem Begriff der *Kunstphilosophie* auftut, wird ihm zuerst mit Recht schwindlig zumute werden. Er sieht die verschiedensten Geister sich um ihn drängen, Geister, die sich oft befehden und deren jeder

1   Pezo, Mauricio und Sofia von Ellrichshausen. *Spatial Structure.* Kopenhagen: Architectural Publisher, 2016, S. 14. [hier übersetzt von CBW]

2   Hensel, Michael, Achim Menges und Christopher Hight. *Space Reader: Heterogeneous Space in Architecture.* Chichester: Wiley, 2009.

doch vollen und alleinigen Anspruch auf denjenigen erhebt, der sich in seine Nähe traut, und zugleich hört er eine geistige Sprache, die ihm zunächst fremd ist. Es ist eine Sprache, die das Sinnenhafte, das ihm vertraut ist, in etwas Unsinnliches zu übersetzen strebt: in Begriffe. Das Ziel, das dabei verfolgt wird, ist ein hohes; es läßt sich vielleicht dahin formulieren, daß man aus der Erscheinungswelt die Geisteswelt abzuleiten sucht, aus der sie hervorgeht."[3] Schumacher spricht von Geistern, die all jene heimsuchen, die sich mit Architektur befassen, und von deren Versuchen, das Sinnliche in etwas Konzeptionelles zu verwandeln. Architekten fallen diesen Geistern nur allzu oft zum Opfer und geben, um diese Metapher leicht zu überspitzen, ihr architektonisches „Leben" auf.

Die Architektur ist anfällig für häufige Stimmungsschwankungen, die sich nicht nur in den verschiedenen Architekturstilen widerspiegeln, sondern auch in ihrer sprachlichen Übersetzung. Die Vergangenheit gerät schnell in Vergessenheit, wenn sie nicht gerade als stilistische Inspirationsquelle dient. Von daher hat der Raumbegriff, obwohl er erst kürzlich „entdeckt" wurde, schon eine bedeutende Wandlung vollzogen. (Wieder)entdeckt wurde er Ende des neunzehnten Jahrhunderts, Anfang des zwanzigsten Jahrhunderts assoziierten Architekten der Moderne den Begriff aber mit Tradition und lehnten ihn folglich ab. Interessanterweise übernahmen später die Postmodernisten diese negative Voreingenommenheit gegenüber dem Raum, und erst in den 1990er Jahren mit dem Einzug des Begriffs „Atmosphäre" waren räumliche Qualitäten wieder im architektonischen Diskurs präsent – ganz unabhängig voneinander in den Arbeiten des deutschen Philosophen Gernot Böhme[4] und des Schweizer Architekten Peter Zumthor[5]. Das neuste Buch zum architektonischen Raum von den chilenischen Architekten Mauricio Pezo und Sofia von Ellrichshausen, aus dem zu Beginn dieses Kapitels zitiert wurde, zeigt, dass dieses Thema noch immer als relevant erachtet wird – auch von jungen, zeitgenössischen Architektinnen und Architekten.

Während sich die Architektur häufig hinter einer Mauer aus Unschärfe versteckte, versuchte die Wissenschaft etliche Male, diese Mauer zu durchbrechen, aber häufig fehlte es ihr dabei an einem grundlegenden Verständnis für das Wesen der Architektur. Doch einige wenige Projekte haben profunde Kenntnisse der Architektur und ihrer Prozesse offenbart, ohne das Ziel zu verfehlen oder vom Thema abzuschweifen. Die Pionierleistungen von Vinod Goel oder Ömer Akin sind in diesem Kontext hervorragende Beispiele, obwohl sie auf den ersten Blick nur begrenzt auf die Architektur anwendbar zu sein scheinen.[6] Untersuchungen von Wissenschaftlern wie Thora Thenbrink, Masaki Suwa oder Barbara Tversky zu den Wechselwirkungen von Sprache, Architektur und Gestik, oder John Gero mit seinen kognitiven Studien zur Designausbildung sind sehr vielversprechend und liefern neue Perspektiven für die

Betrachtung von Architektur, ihrer Prozesse und der Beziehung zwischen Geist und Sprache in der Architektur.[7] Viele Gelehrte befassen sich mit dem Thema, doch diese Forschung trägt bisher nur wenig Früchte. Vielleicht waren aber die Ergebnisse auch nicht auf die Architektur zurückübertragbar. Nicht zuletzt, weil Architekten kein Interesse an empirischen Beweisen haben, auch wenn viele diese Aussage anfechten würden.

Ein besonders faszinierendes Experiment zu Kreativität führte Donald MacKinnon (1903–1987), Direktor des Institute of Personality Assessment and Research (IPAR), durch und Pierluigi Serrano berichtete davon in seinem Buch. Zwischen 1958 und 1959 wurden im Zusammenhang mit weiteren Experimenten zu anderen Berufen 124 Architekten zu einer dreitägigen Studie eingeladen. Zwar lehnten einige Architekten wie Ludwig Mies van der Rohe (1886–1969) und Walter Gropius (1883–1969) ab, aber andere berühmte Kollegen, darunter Louis Kahn (1901–1974), Philip Johnson (1906–2005), Eero Saarinen (1910–1961) und Richard Neutra (1892–1970), nahmen teil. Man teilte sie anhand ihrer Kreativität, die von einem Expertengremium und den Architekten selbst eingeschätzt wurde, in drei Gruppen auf und sie sollten eine Reihe von Aufgaben bearbeiten. Im Verlauf dieser drei Tage wurde die Kreativität auf vielerlei Weise gemessen, unter anderem hinsichtlich Intellekt, Wahrnehmung und Kognition, Interessen und Wertvorstellungen, Persönlichkeitsinventar, Originalität, ästhetischer Sensibilität und künstlerischer Reaktionsfähigkeit, die durch Interviews und projektive Tests ermittelt wurden.[8] Es kamen bewährte und neue Tests zum Einsatz, wie der zuvor von dem Institutsmitarbeiter Frank Barron (1922–2002) entwickelte Mosaic Construction Test. Hierbei handelte es sich vermutlich um die größte psychologische Untersuchung, die je an Architekten durchgeführt wurde, und sie lieferte zahlreiche interessante Einblicke in das Wesen der Kreativität. Zugleich berichteten viele der teilnehmenden Architekten, dass sie durch dieses Projekt selbst neue Erkenntnisse gewonnen hätten. Leider wurde das von MacKinnon und seinem Team geplante Buch über diesen Test nie veröffentlicht.

Auch Architekten betörte die Idee einer empirischen Annäherung an ihr Metier, aber es blieb bei harmlosen Flirts, wie dem Aufsatz von Walter Gropius „Design Topics", veröffentlicht 1947 im *Magazine of Art* und erneut 1955 in seinem Buch *Scope of Total Architecture*. Darin beschrieb er die neuesten Erkenntnisse aus Optik und räumlicher Wahrnehmung und stellte fest, dass diese schon seit langem in vielen architektonischen und städtebaulichen Entwürfen diskutiert worden waren. Er betonte, dass die Architektur als Kunstform einen sehr starken persönlichen Charakter besitze, es aber möglich sein sollte, die Regeln der Wahrnehmung bezüglich Licht, Raum, Masse, Form und Farbe besser zu verstehen. Das Ziel bestand darin, vage Formulierungen wie „die Atmosphäre eines Gebäudes" oder „die Gemütlichkeit eines Zimmers" zu vermeiden.[9] Der Aufsatz

3   Schumacher, Fritz. *Der Geist der Baukunst.* Stuttgart/Berlin: Deutsche Verlags-Anstalt, 1938, S. 9.

4   Böhme, Gernot. *Atmosphäre: Essays zur neuen Aesthetik.* Frankfurt am Main: Suhrkamp, 1995. Böhme, Gernot. *Architektur und Atmosphäre.* München: Fink, 2006.

5   Zumthor, Peter. *Atmosphären: architektonische Umgebungen: die Dinge um mich herum.* Basel: Birkhäuser Verlag, 2006.

6   Goel, Vinod. *Sketches of Thought.* Cambridge, MA: MIT Press, 1995. Akin, Ömer. *Psychology of Architectural Design.* London: Pion Limited, 1986.

7   Suwa, Masaki und Barbara Tversky. „What do Architects and Students perceive in their design sketches? A protocol Analysis." In *Design Studies* 18, 385–403, 1997. Kan, Wai Tak und John Gero. *Quantitiative Methods for Studying Design Protocols.* Dodrecht: Springer Netherlands, 2017.

8   Serrano, Pierluigi. *The Creative Architect. Inside the great Midcentury Personality Study.* New York: The Monacelli Press, 2016, S. 101, 103.

9   Gropius, Walter. „Is There a Science of Design?" In Walter Gropius. *Scope of Total Architecture* [1955], 33. New York: Collier Books, 1962.

enthält zahlreiche Bilder von Experimenten und ihrer Anwendung auf die Architektur anhand einiger Diagramme.

Mit dem Aufkommen der Kybernetik und der Computertechnik in den 1960er Jahren entstand ein spezifisches Interesse an den Methoden der Architektur, das in mehreren Konferenzen und Veröffentlichungen diskutiert wurde; wie beispielsweise *Conference on Design Methods* im Jahr 1962 (veröffentlicht 1963), *Design Methods in Architecture* im Jahr 1967 (veröffentlicht 1969) und *The Design Methods Group First International Conference* im Jahr 1968 (veröffentlicht 1970).[10] Alle drei Konferenzen waren interdisziplinäre Veranstaltungen für Architekten und Wissenschaftler. Einer der wichtigsten Akteure war der Architekt Christopher Alexander, der sich bemühte, eine Brücke zwischen Mathematik und Architektur zu schlagen. Er sprach auf der ersten und zweiten Konferenz. Befeuert wurde dieses Interesse vom Aufkommen der Semiotik und des Strukturalismus, die wiederum viel (pseudo)wissenschaftliche Forschungstätigkeit zur „Bedeutung" von Architektur nach sich zogen, wie die Arbeiten von Geoffrey Broadbent, Veranstalter der dritten Konferenz über Entwurfsmethoden, belegen.[11]

Der Bologna-Prozess in Europa gilt als ein wichtiger Auslöser für das erneute Interesse an diesen Sachverhalten. Mehrere Konferenzen und Publikationen widmeten sich der klaren Unterscheidung zwischen der Forschung *durch* Entwerfen und der Forschung *zum* Entwerfen. Dazu zählen auch einige, die vom Europäischen Verband für Architekturausbildung (EAAE) veranstaltet wurden, wie die Konferenzen *Research by Design* im Jahr 2000,[12] *Communicating (by) Design* im Jahr 2009,[13] *Theory by Design* im Jahr 2012[14] und *Knowing (by) Designing* im Jahr 2013.[15]

Nur wenige Beispiele heben sich von der Masse ab, auch wenn eigentümliche Titel, wie kürzlich „Neuroarchitektur", suggerieren, dieses Thema sei zu einem Modetrend geworden. Als allererstes seien hier die Arbeiten von Gabriela Goldschmidt über die Beziehung zwischen Zeichnen und Denken genannt, worin sie im Wesentlichen behauptet, dass sich durch das Zeichnen Bilder ergeben, an die der Zeichner zuvor noch gar nicht gedacht hatte, die jedoch aus dem Zeichenvorgang selbst entstehen.[16] Einen weiteren wichtigen Beitrag zu diesem Denkansatz leistete ein anderer Architekt, Harry Mallgrave, der sich der englischsprachigen Welt mit dem Buch *Empathy, Form and Space* (herausgegeben zusammen mit Eleftherios Ikonomou)

FIG. 14

FIG. 16: Interior of Cathedral in Sienna

FIG. 15: Girl in bathing suit

FIG. 17: Phenomenon of irradiation

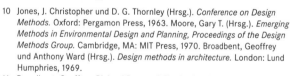

FIG. 18: St. John in Lateran, Rome

1 Walter Gropius, *Diagramme,* 1955

vorstellte, in dem er die Texte mehrerer deutscher Kunsthistoriker und Wissenschaftler über Raum und Wahrnehmung untersuchte. Später verknüpfte er dieses Wissen mit aktuellen Entdeckungen in den Kognitionswissenschaften und wandte sie auf die Architekturgeschichte an, was interessante Einblicke in die kognitive Entwicklung der Architektur über die Jahrhunderte lieferte.[17] Eine letzte wichtige Quelle sind die gegenwärtigen Arbeiten an der US-amerikanischen Academy of Neuroscience for Architecture, die eine große Bandbreite an Studienfächern und Lehrprogrammen anbietet.[18]

Der Brückenschlag zwischen Architektur und empirischen Studien ist somit möglich und notwendig. Aber dabei lauert immer noch eine weitere Gefahr, und zwar die, dass jeder wissenschaftliche Beleg als gegeben hingenommen und starr in die Architektur übertragen wird. Faszinierende Beispiele davon sind in den Schriften von Architekten wie Hermann Maertens oder, später, Otto Schubert zu finden, die aus Erkenntnissen der Optik und Wahrnehmung starre Systeme für Blickwinkel entwickelten. Diese fanden sich nicht nur in historischer Archi-

10 Jones, J. Christopher und D. G. Thornley (Hrsg.). *Conference on Design Methods.* Oxford: Pergamon Press, 1963. Moore, Gary T. (Hrsg.). *Emerging Methods in Environmental Design and Planning, Proceedings of the Design Methods Group.* Cambridge, MA: MIT Press, 1970. Broadbent, Geoffrey und Anthony Ward (Hrsg.). *Design methods in architecture.* London: Lund Humphries, 1969.

11 Broadbent, Geoffrey, Richard Bunt und Charles Jencks (Hrsg.). *Signs, Symbols, and Architecture.* Chicester: Wiley, 1980.

12 Fakultät für Architektur, Technische Universität Delft/EAAE, *Research by Design*, Internationale Konferenz, 1.-3. November 2000 (Delft: DUP Science, 2001).

13 Verbeke, Johan und Adam Jakimowicz (Hrsg.). *Communicating (by) Design*, Brüssel: Hogeschool voor Wetenschap & Kunst; Gent: Faculteit Architectuur Sint-Lucas; Göteborg: Chalmers tekniska högskola, 2009.

14 Faculty for Design Sciences. *Theory by Design: Architectural Research Made explicit in the Design Teaching Studio.* Antwerpen: Artesis Hogeschool, 2012.

15 Verbeke, Johan und Burak Pak (Hrsg.). *Knowing (by) Designing.* Brüssel: LUCA, Sint-Lucas Architekturschule, 2013.

16 Goldschmidt, Gabriela. „The Dialectics of Sketching." In *Creativity Research Journal* 4, Nr. 2, S. 123–143, 1991. Goldschmidt, Gabriela. *Linkography: Unfolding the Design Process.* Cambridge, MA: MIT Press, 2014.

17 Mallgrave, Harry Francis. *Architect's Brain, Neuroscience, Creativity, and Architecture.* Malden: Wiley-Blackwell, 2010. Mallgrave, Harry Francis. *Architecture and Embodiment. The Implications of the New Sciences and Humanities for Design.* Abingdon, Oxon: Routledge, 2013.

18 http://anfarch.org.

2 Otto Schubert, *Diagramm*, 1965

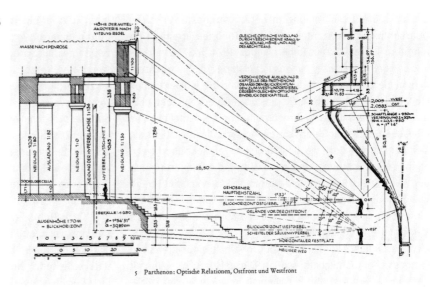

5 Parthenon: Optische Relationen, Ostfront und Westfront

tektur, sondern sollten auch auf den Entwurfsvorgang angewendet werden. Maertens drückte es folgendermaßen aus: „Eine praktische Aesthetik der Baukunst und der ihr dienenden Schwesternkünste kann als Wissenschaft nur den Zweck haben, aus ihren Erfahrungen und Untersuchungen den betreffenden praktischen Künstlern, vor allem den Architecten, den Weg zu zeigen, auf dem es theoretisch zu erreichen ist, dass ihre künstlerischen Werke den Mitmenschen und der Nachwelt gefallen, ja sich möglichst dem höchsten Grade des Wohlgefälligen, d. h. dem der vollendeten Schönheit nähern."[19] Das Ziel sollte es folglich sein, aus der Erfahrung eine Theorie abzuleiten – aber in diesem Fall führte es nur zu noch mehr Regeln und Einschränkungen als eine gewöhnliche Theorie.

Räumliches Vorstellungsvermögen Reloaded

Wie bereits erwähnt, kam der Begriff „Raum" erst relativ spät im architektonischen Diskurs auf. Selbstverständlich wurde Architektur hinsichtlich Außen- und Innenraum, Wahrnehmung und Wirkung erörtert, jedoch nicht in Bezug auf „Raum" (*space, espace* oder *spazio*, wobei der Begriff in jeder Sprache eine ganz andere Tiefe und einen anderen Bedeutungsumfang besitzt). Man muss nur durch die Veröffentlichungen von Architekten aus allen Jahrhunderten blättern, um zu erkennen, dass die Beschäftigung mit dem, was wir unter „Raum" verstehen, schon immer ein zentrales Anliegen war.

Wenn wir beispielsweise einen Abschnitt aus *De re aedificatoria* (1485) von Leon Battista Alberti betrachten, ist darin alles enthalten – die Fragen der Wahrnehmung und Wirkung bezogen auf Licht, Größe, Lage und Relation. Er schreibt: „Ein solches Gebäude wird einen Genuss bereiten, welches, sobald Du aus der Stadt herausgetreten bist, Deinem Auge einen vollständig heiteren Blick darbiete, und wenn es jene, die zu ihm hinauskommen, erfreut uns sie zu empfangen bereit ist. Ich

wünschte es deshalb ein bisschen höher gelegen, und ich wollte, dass die Strasse an dieser Stelle in sanfter Steigung sich etwas erhebe, um den Wanderer zu täuschen, so dass er durch nichts anderes merkt, dass er bergangestiegen sei, als durch den Rundblick auf das Gelände infolge der Höhe des Ortes. (...). Im übrigen möchte ich, dass das ganze Äussere des Gebäudes und dessen Wirkung, was immer wieder bei jeder baulichen Anlage Wohlgefallen erregt, bis ins Kleinste, von allen Seiten und überall so klar und deutlich als möglich sichtbar sei; und dass es, unterm weiten Himmel liegend, dem Lichte der Sonne und der gesunden Luft ungehinderten Zutritt lasse."[20]

Raum – als Sinnbild der Wahrnehmung und als Ausdruck räumlicher Konfigurationen gedacht – ist in der Architektur eine Konstante, die sich in vielen Erkenntnissen widerspiegelt, die sich im Laufe der Architekturgeschichte offenbaren, ohne aber jemals eine einheitliche Theorie zu bilden. Am nächsten kam die Architektur einer solchen Theorie durch eine heterogene Gruppe aus Physiologen, Kunsthistorikern und Architekten, die gegen Ende des neunzehnten und Anfang des zwanzigsten Jahrhunderts ganz besessen vom Thema Raum waren. Diese Entwicklung wurde, wie schon erwähnt, unter anderem von Harry Mallgrave beschrieben.[21]

Ausgelöst durch die Aufklärung und über die Epoche der Romantik hinweg sowie durch die Erforschung der Ästhetik in der bahnbrechenden Arbeit von Alexander Gottlieb Baumgarten (1714–1762) entstand ein Geflecht aus gegensätzlichen Interessen und Forschungsrichtungen, die jedoch alle die Frage nach Ursprung und Art von Sinneseindrücken bezogen auf das Denken einte, wie exemplarisch von Immanuel Kant diskutiert. In seiner *Kritik der reinen Vernunft* (1781) erörterte Kant ausführlich die Beziehung zwischen Raum und Zeit, betrachtete aber den Raum als ein Geschöpf der reinen Intuition,

19 Maertens, Hermann. *Skizze zu einer praktischen Ästhetik der Baukunst und der ihr dienenden Schwesternkünste.* Berlin: Verlag von Ernst Wasmuth, 1885, S. 5.

20 Alberti, Leon Battista *Zehn Bücher über die Baukunst*, Neuntes Buch, ins Dt. übertragen, eingeleitet und mit Anm. und Zeichn. vers. durch Max Theuer, Darmstadt: Wissenschaftliche Buchgesellschaft, 1991, S. 479.

21 Hier soll nur ein kurzer Überblick über dieses Thema gegeben werden. Für weitere Informationen siehe beispielsweise: Moravánszky, Ákos. *Architekturtheorie im 20. Jahrhundert. Eine kritische Anthologie herausgegeben von Ákos Moravánszky.* Wien: Springer Verlag, 2003.

das sich einer Beschreibung entzieht.[22] Am besten ist diese Überschneidung von Interessen und Theorien in einem berühmten, älteren Bild aus Robert Fludds (1574–1637) *Utriusque cosmi maioris scilicet et minoris (…) historia* (1619) dargestellt, in dem die Überlagerung der geistigen und der intellektuellen Welt, die sich außerhalb des Kopfes und Körpers befindet, über die fünf Sinne mit der Wahrnehmung und dem Intellekt des Menschen in dessen Gehirn korrespondiert. Die Seele befindet sich demzufolge dort, wo sich Sinne und Intellekt überlagern, ebenso wie die Mutmaßung, das Denken, die Erinnerung und der Wille. Die Lokalisierung dieser Funktionen scheint im Einklang mit der Verortung der kognitiven Funktionen in der Großhirnrinde und mit der Bedeutung des Körpers im Sinne der „Verkörperung" zu stehen.[23]

All diese Einflüsse verdichteten sich innerhalb einer intensiven Periode voller räumlichen Theorien. Dieser Überblick sollte mit dem deutschen Arzt und Physiologen Johannes Müller (1801–1858) beginnen, der als einer der ersten erkannte, dass die Wahrnehmung aus einer Wechselwirkung zwischen Nerven und äußeren Stimuli resultiert. Darüber hinaus entdeckte er, dass jeder Sinn anders auf diese Stimuli reagiert. Daraus zog er einen weitreichenden Schluss: Die uns umgebende Welt kann von unseren Sinnen nicht objektiv erfasst werden. Sein *Handbuch der Physiologie des Menschen* (1838) wurde für nachfolgende Generationen von Wissenschaftlern zu einem wichtigen Nachschlagewerk. Der prominenteste Vertreter darunter war der deutsche Physiologe und Physiker Hermann von Helmholtz (1821–1894), ein wahrer Universalgelehrter, dessen Forschung im Bereich der Optik von bahnbrechender Bedeutung war und zu einem völlig neuen Verständnis des Sehens führte. Ein weiterer Physiologe, der großen Einfluss auf die Grundlagen zur Erörterung der Wahrnehmung hatte, war Gustav Theodor Fechner (1801–1887), Begründer des Fachbereichs *Psychophysik*, der die Psychologie und Physik durch die Möglichkeit der Reizmessung miteinander verknüpft. In seinen beiden Hauptwerken *Elemente der Psychophysik* von 1860 und *Vorschule der Ästhetik* von 1876 stellte er einige Prinzipien dazu auf, wie die Wahrnehmung der Reize aufgebaut ist. Er unterschied zwischen intensiver und extensiver Wahrnehmung, wobei der Raum zu letzterer gehört, und führte verschiedene *Schwellen* der Wahrnehmung ein. Die wichtigste war die „ästhetische Schwelle", die besagt, dass die Stimuli sowohl intensiv als auch aufmerksamkeitswürdig sein müssen.[24] Basierend auf dem Schaffen von Ernst Heinrich Weber (1795–1878) und dem „Weber'schen Gesetz" (1834) etablierte Fechner das sogenannte „Weber-Fechner-Gesetz", welches besagt, dass die

Intensitätsveränderung eines Reizes unterschiedlich wahrgenommen wird. Wenn beispielsweise eine Kerze neben eine zweite gestellt wird, nimmt die Intensität viel stärker zu, als wenn eine Kerze zu zehn anderen hinzukommt. Dieses Gesetzt wurde später von Stanley Smith Stevens (1906–1973) zum „Stevens-Potenzgesetz" erweitert. Fechner führte auch das *Aesthetische Assoziationsprinzip* ein, das besagt, dass unsere Reaktion auf einen Reiz auch von unseren Erfahrungen und Erinnerungen abhängt, die wir mit dem Reizauslöser verknüpfen. Begleitet wurde die Arbeit dieser Wissenschaftler von neuen Erkenntnissen in der Psychologie, hauptsächlich von Wilhelm Wundt (1832–1920), ein Schüler von Helmholz, und Carl Stumpf (1848–1936). Wundt untersuchte die Beziehung zwischen Psychologie und Physiologie und befasste sich mit der qualitativen und quantitativen Messung von Reizunterschieden.[25] Neben vielen anderen Dingen erforschte er die über Energieverbrauch und Muskelbewegung vermittelte Beziehung zwischen Körper und Raumwahrnehmung. Stumpf analysierte die Raumwahrnehmung auf einer stärker qualitativ geprägten Grundlage, indem er nach den wirkenden mentalen Prozessen Ausschau hielt. Dabei wurde, ausgehend von einem gegebenen Ganzen, der Raum in seine Teile untergliedert. Was nicht unterschieden werden kann, kann auch nicht wahrgenommen werden.[26] Interessanterweise betonte Stumpf, dass diese Art der Wahrnehmung nur im Stillstand, nicht in der Bewegung stattfinden kann. Zu dieser Frage, wie sich Raum am besten wahrnehmen lässt – in Ruhe oder in Bewegung –, gehen die Meinungen sehr stark auseinander.

Auf die umfangreichen Forschungen zur Wahrnehmung aufbauend, nahmen sich auch Kunsthistoriker dieses Themas an und übertrugen diese Prinzipien auf die Wahrnehmung von Kunstwerken. Friedrich Theodor Vischer (1807–1887) und sein Sohn Robert Vischer (1847–1933) gehörten zu den ersten, die diese Übertragung durchführten, wobei letzterer den Begriff *Einfühlung* prägte: Der eigene Körper wird zur Bezugsebene für die Wahrnehmung des Raums, da er sprichwörtlich auf den Raum bzw. die Objekte projiziert wird.[27] Deren Wirkung hängt von der Kongruenz mit der Struktur von Körper und Auge ab.[28] Interessant ist außerdem, dass der ältere der beiden Vischers eine auf den Nativismus angelehnte und der jüngere eine kulturelle Erklärung dieser Prozesse lieferte; ein weiterer Aspekt, der noch heute hitzig diskutiert wird. Dies zeigte sich auch bei der kürzlichen Entdeckung der „Spiegelneuronen" durch eine italienische Forschergruppe.[29]

Aus den Theorien der beiden Vischers entwickelten Kunsthistoriker wie Adolf Hildebrand (1847–1921), Heinrich Wölfflin (864–1945) und August Schmarsow (1853–1936) trotz großer Differenzen in ihren persönlichen Meinungen eine veritable Theorie zu Raum und Wahrnehmung, die in Schmarsows berühmter Definition von Architektur als *Raumgestaltung* gipfelte.

---

22 „Der Raum ist kein diskursiver, oder wie man sagt, allgemeiner Begriff von Verhältnissen der Dinge überhaupt, sondern eine reine Anschauung." Kant, Immanuel. *Kritik der reinen Vernunft* 1 [1787], Werkausgabe Band III, herausgegeben von Wilhelm Weischedel, Berlin: Suhrkamp Taschenbuch, 2014, S. 73.

23 „Wenn man von der Verkörperung der Kognition spricht, so bedeutet dies, dass die Wahrnehmung aus körperlichen Interaktionen mit der Welt entsteht und beides fortwährend ineinandergreift. So gesehen, basiert die Kognition auf den Erfahrungen des eigenen Körpers, der spezielle perzeptive und motorische Fähigkeiten besitzt, die untrennbar miteinander verbunden sind und in ihrer Gesamtheit die Matrix bilden, in der logisches Denken, Erinnerung, Gefühl, Sprache und alle anderen Aspekte des mentalen Lebens eingebettet sind." Esther Thelen, „Grounded in the World: Developmental Origins of the Embodied Mind." In *Infancy* 1 (2000), S. 3–28. [hier übersetzt von CBW]

24 Fechner, Gustav Theodor. *Elemente der Psychophysik.* Leipzig 1860.

25 Wundt, Wilhelm. *Grundzüge der Physiologischen Psychologie.* Leipzig: Engelmann, 1874.

26 Stumpf, Carl. Über den Psychologischen Ursprung der Raumvorstellung. Leipzig: Verlag von S. Hirzel, 1873.

27 Vischer, Friedrich Theodor. *Ästhetik oder Wissenschaft des Schönen.* Stuttgart: Cotta, 1839.

28 Vischer, Robert. Über das optische Formgefühl. Leipzig: Credner, 1873.

29 di Pellegrino G., L. Fadiga, L. Fogassi, V. Galles und G. Rizzolatti. „Understanding motor events: a neurophysiological study." In *Experimental Brain Research* 91, Nr. 1, 176–180, 1992.

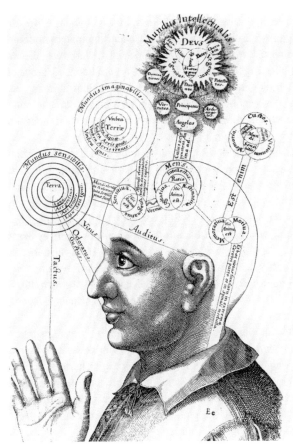

3 Robert Fludd, *Utriusque cosmi maioris scilicet et minoris (...) historia*, 1619

Schmarsow war einer der ersten, der die räumliche Wahrnehmung mit der Bewegung des Körpers in einem Raum in Beziehung setzte. Diese Gruppe erweiterte die Aspekte der Wahrnehmung um Fragen der Herstellung und gründete dies auf der allgemeinen Annahme, dass man etwas nur durch seine *Herstellung* wirklich verstehen kann; dass die Wahrnehmung somit Teil eines Prozesses ist, dessen Ergebnis ein Kunstwerk sein wird. Diese Theorie wurde für eine ganze Generation von Architekten, die sich für räumliche Fragen interessierten, zur wichtigsten Quelle. Dennoch blieb dieser Hintergrund eher spekulativ, und es war noch ein weiterer Schritt bis zur Anwendung dieses Prozesses auf das Entwerfen nötig. Daraufhin führten Architekten den Begriff des räumlichen Vorstellungsvermögens ein, um eine spezielle Fähigkeit ihresgleichen zu beschreiben.[30]

Diesbezüglich sind zwei Architekten besonders hervorzuheben: Theodor Fischer (1862–1938) und der oben erwähnte Fritz Schumacher. Sie waren befreundet und hatten sehr vieles gemeinsam: Beide waren bedeutende Pioniere der Moderne, auch wenn später andere als Hauptfiguren dieser Zeit galten, und sie stellten sich öffentlich gegen die Kritik der Moderne

durch den Nationalsozialismus. Nicht zuletzt deshalb wurden sie ausgegrenzt und gerieten in Vergessenheit. Sie arbeiteten beide in der Stadtverwaltung und waren aufgrund ihrer dortigen Positionen in der Lage, das Erscheinungsbild von München und Hamburg nachhaltig zu verändern. Auch standen sie in direktem Kontakt mit einigen der oben aufgeführten Raumtheoretiker, insbesondere Adolf Hildebrand, den sie persönlich kannten. Stark beeinflusst durch ihre Arbeit im städtischen Maßstab entwickelten Fischer und Schumacher eine Raumtheorie, die auf der Wahrnehmung und Transformation des Raums basierte. In der Folge dachten sie über die Unterschiede zwischen Form, Raum und Landschaft nach – auch aus historischer Sicht als Abfolge konvexer und konkaver Räume betrachtet – und isolierten die Besonderheiten von architektonischen und städtischen Räumen.

Doch einen großen Unterschied gab es zwischen ihnen: Während Fischer den Spitznamen „der große Schweiger" trug, sich sehr reserviert verhielt und wenig veröffentlichte, genoss Schumacher gesellschaftliche Auftritte und publizierte in großem Umfang. Darum soll hier Schumacher eingehender behandelt werden, auch wenn die Tatsache nicht ignoriert werden kann, dass Fischer ebenso relevant für die Raumtheorie war. Was uns an den beiden Herren so zusagt, und was sie von vielen anderen Theoretikern ihrer Zeit unterscheidet, ist die Tatsache, dass sie sich – in Fritz Schumachers Worten – nicht nur für die Sicht des „Betrachtenden", sondern auch für die Sicht des „Schaffenden" bezogen auf den Betrachtenden interessierten. Im ersteren Fall beginnt man mit der Betrachtung einer Form oder eines Raums von außen und versucht, zu den Grundüberlegungen vorzudringen; im letzteren Fall geht man umgekehrt vor, von innen nach außen. Als Architekt muss man nach Schumachers Meinung beides können.[31]

In seinem Buch *Grundlagen der Baukunst. Studien zum Beruf des Architekten* (1916) befasst sich Schumacher eingehend mit den Fähigkeiten, die ein Architekt unbedingt besitzen oder entwickeln muss, um ein „guter" Architekt zu werden. Er unterscheidet zwischen *Kennen* und *Können*. Was das Kennen anbelangt, betont er, dass jeder Architekt über mathematisches Denken und ein Gespür für konstruktive Gesetze verfügen muss; als Können beschreibt er hingegen eine künstlerische Begabung oder ein Rhythmusgefühl, das sich im speziellen Fall des Architekten auf den Rhythmus von Räumen bezieht.[32] Er unterscheidet strikt zwischen einem Künstler und einem Architekten, weil sich deren spezielle künstlerische Fähigkeiten unterscheiden. Beim Künstler basieren sie auf Form und Masse, beim Architekten auf der Wechselwirkung von negativem und positivem Raum. Im Geist des Architekten läuft ein spezifischer mentaler Prozess ab, der auf einer dreidimensionalen Vorstellungskraft beruht: „Die Fähigkeit, gleichzeitig ein und dasselbe negativ und positiv, als Raum und als Masse, sich vorzustellen und mit dieser Vorstellung im Geiste schalten und walten zu können, die Fähigkeit, in der Phantasie eine Masse als Organismus zu schauen, gleichsam durchsichtig, so daß Innen und Außen stets im selben Augenblicke vor dem

---

30 Zugegebenermaßen erwähnten auch Kunsthistoriker das räumliche Vorstellungsvermögen, so wie der zuvor genannte Albert Erich Brinckmann, der über den „Raumsinn" sprach und dabei die folgende Feststellung traf, die noch heute Bestand hat: „Recht schwer ist es, denen von der Bedeutung des Raums zu sprechen, die keinen Sinn für ihn haben." Brinckmann, Albert Erich. „Erziehung zum Raumsinn." In *Zeitschrift für Deutschkunde*, Heft 1, 51, 1926.

31 Schumacher, Fritz. „Architektonische Komposition." In *Handbuch der Architektur*. 12. Leipzig: J. M. Gebhardt's Verlag, 1926.

32 Schumacher, Fritz. *Grundlagen der Baukunst. Studien zum Beruf des Architekten*. München: Verlag von Georg D. W. Callwey, 1916, S. 9.

Bewußtsein stehen, und gleichsam beweglich, so daß jeder Umgestaltungsgedanke des Inneren sofort in seine äußeren Folgen umgedacht wird: das ist die eigentliche architektonische Fähigkeit."[33] Der Vorgang des Bauens ist sodann nur noch die Umsetzung dieser Vorstellung in den gebauten Raum der Realität. Es ist klar, dass Schumachers Gedanken weniger vom Vorgang der Raumwahrnehmung als vielmehr von der Erschaffung und Transformation des Raums beherrscht sind, und das macht seine Theorie für uns so wertvoll.

In seiner berühmtesten Abhandlung, die im Jahr 1926 als Beitrag im *Handbuch der Architektur* veröffentlicht wurde, führt Schumacher seine Gedanken von 1916 fort und verfeinert sie. Die Architektur ist darin definiert als „die Kunst doppelter Raumgestaltung durch Körpergestaltung."[34] Die Architektur ist folglich weder eine Frage der Form noch des Raums *per se*, sondern immer das Resultat aus deren beider Kombination. Zu Beginn entsteht eine architektonische Idee, die sich zu einem gedanklichen Bild verdichtet.[35] Dies geschieht durch das Zusammenwirken von Wahrnehmung und Intellekt – untrennbar miteinander verbunden – und Schumacher betont, dass die Raumwahrnehmung nicht nur durch das Sehen, sondern auch durch die Bewegung unserer Körper entsteht.[36] Diese Idee – Schumacher verwendet hier die interessante Formulierung der Stimmung, in der sich der Künstler befindet – wird schließlich durch die architektonischen Räume und Körper in die Realität umgesetzt.[37]

Dies sind die Quellen, die den Studierenden der Architektur nahegebracht werden sollten. Doch über die folgenden Jahrzehnte ging dieses Wissen verloren. Die Moderne stigmatisierte den Raumbegriff zugunsten eines technisierten, abstrakten Betrachtenden[38] – nur um ein wahres Meisterwerk der körperlichen und räumlichen Architektur zu erschaffen, wie die Villa Savoye (1931). Dies ist eine der vielen Zwiespältigkeiten der Moderne. In diesem Zusammenhang muss insbesondere Le Corbusier genannt werden. Er war die Lichtgestalt dieser Bewegung und radikalisierte die Abstraktion, insbesondere durch die Einbeziehung der Flugzeugperspektive. Doch sogar in der Erstausgabe der Zeitschrift *Esprit Nouveau* aus dem Jahr 1920, die er gemeinsam mit Amedeé Ozenfant herausgab, ist ein Artikel des französischen Philosophen Victor Basch zum Thema „*L'Esthétique Nouvelle et la Science de l'Art*" (Die neue Ästhetik und die Wissenschaft der Kunst) enthalten, in dem einige der oben erwähnten Protagonisten der Raumtheorien behandelt werden. Le Corbusier war sich demnach dieser Tradition sehr bewusst. Später nahm er den Begriff „Raum" wieder in sein Vokabular auf und verlieh ihm eine bedeutende Stellung – ohne Zweifel beeinflusst durch das Buch *Space, Time and Architecture: The Growth of a New Tradition* (1941) von Sigfried Giedion (1888–1968). Für die Zeitschrift *l'Architecture d'aujourd'hui* schrieb Le Corbusier einen Artikel mit dem Titel „L'espace indicible", zu Deutsch „Der unbeschreib-

liche Raum". Diesen ergänzte er später in seinem 1948 veröffentlichten Buch *New World of Space*, das nichts anderes als eine weitere Rückschau auf seine vielen Werke war, dieses Mal allerdings zum Thema Raum. Darin äußert Le Corbusier Ansichten, die in früheren Jahren unvorstellbar gewesen wären: „Das Wichtige, das hier gesagt werden soll, ist, dass eine spezielle Funktion des Raums darin besteht, ein ästhetisches Gefühl zu erzeugen."[39]

Seitdem taucht der Raumbegriff in vielen unterschiedlichen Kontexten in philosophischen Werken auf, darunter auch jene von Maurice Merleau-Ponty (1908-1961) und Hermann Schmitz (ebenso zu erwähnen sind die frühen Beiträge von Edmund Husserl (1859-1938), von Architekturhistorikern wie Bruno Zevi (1918-2000), von Architekten wie Geoffrey Scott (1884-1929), Trystan Edwards (1884-1973), Hans van der Laan (1904-1991), Philippe Boudon und Christian de Portzamparc[40] oder auch von Medientheoretikern wie Rudolf Arnheim (1904-2007)). Diese Liste ließe sich selbstverständlich nach Belieben fortsetzen.

Zu Beginn dieses Kapitels wurde angemerkt, dass unser Forschungsprojekt und dieses Buch aus einer gewissen Verunsicherung heraus entstanden ist. Eine Verunsicherung, die aus der Unfähigkeit rührte, „Raum" qualitativ und quantitativ zu beschreiben, und dass die Bestrebungen in dieser Richtung sich entweder nur auf die Architektur oder nur auf die Naturwissenschaften beschränkten.

Wie oft sind wir auf pseudo-wissenschaftliche Abhandlungen in der Architektur gestoßen, die weder das eine noch das andere waren. Alle „falsch" verstandenen Quellen von außerhalb unseres Fachbereichs ergeben nur dann Sinn, wenn sie in den Entwurfsprozess einbezogen werden, anstatt reine Spekulationen zu bleiben. Philip Johnson (1906-2005) äußerste sich einst in einem wunderbaren Kommentar zu Peter Eisenman, der sich häufig auf Werke aus Philosophie und Literaturtheorie bezog: „Er versteckt sich immer nur; versteckt sich hinter diesem Gespinst – Gespinst ist ein schönes Wort, oder? Ein herrliches Wort, Gespinst. Er versteht Nietzsche nicht richtig. Er versteht das meiste nicht richtig, von dem er faselt. Er ist der gewaltigste Dummschwätzer überhaupt. Aber, und darum geht es, er ist besser als ein Theoretiker. Er ist ein Künstler. Aber um seine Kunst zu erzeugen, braucht er die Theorie, genau wie Mies die Technologie brauchte und Hannes Meyer das Proletariat. Zu entwerfen, ist extrem schwer. Wir alle brauchen dazu unsere Krücken, Und Peters Krücke sind seine Gedankengänge."[41]

Uns irritiert nicht die Einbeziehung von Quellen nach Eisenman-Art, die er zwar irgendwie verdaut und in seine Projekte überführt – auch wenn die Frage bleibt, ob solche Quellen die räumliche Wirkung eines Projekts beeinflussen sollten, wie Eisenman gelegentlich behauptete[42] –, sondern uns irritiert dieser unbekümmerte und selbstreifizierende Flirt der Architektur, die sich *per se* mit etwas einlässt, das sie nicht richtig versteht.

33 Ebd., S. 25.
34 Schumacher, Fritz. „Architektonische Komposition." In *Handbuch der Architektur*, 12. Leipzig: J. M. Gebhardt's Verlag, 1926.
35 Schumacher 1916, S. 44.
36 Schumacher 1926, S. 30.
37 Ebd., S. 45.
38 Taut, Bruno. „Nieder der Seriosismus!" In *Stadtbaukunst alter und neuer Zeit*, 13, Heft 1, 1920.

39 Le Corbusier. *New World of Space*. New York: Reynal & Hitccock, 1948, S. 8. [hier übersetzt von CBW]
40 de Portzamparc, Christian und Philippe Sollers. *Writing and Seeing Architecture*. Minneapolis: University of Minnesota Press, 2002.
41 Philip Johnson, zitiert aus: Seabrook, John. „The David Lynch of Architecture." In *Vanity Fair*, 127, Januar 1991. [hier übersetzt von CBW]
42 Gerber, Andri. *Theorie der Städtebaumetaphern. Peter Eisenman und die Utopie der erzählenden Stadt*. Zürich: Chronos, 2012.

ARCHITECTURAL STYLE

monotony would result if the relation of width of street to height of buildings were to be made constant.

LII E and F represent alternative types of street, each of which is agreeable to the eye. D, however, of square section suffers from the great defect that the parts have not been inflected to take account of their different functions. There is an obvious lack of sensibility if the height of the building has an identical dimension as the width of the street.

The question of the proper framing of by-laws for

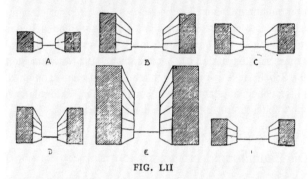

FIG. LII

the regulation of street architecture is too large a one to be discussed at length here, but sufficient has perhaps been said to indicate the danger of applying too simple 'rules' to such a subject. A very elaborate code would be necessary if the requirements of hygiene and traffic are to be satisfied without depriving civic architecture of its artistic qualities.

Figs. LIII all have a bearing upon the subject of proportion in architecture. A, a square room, obviously lacks the necessary inflection, because, although its sides are equal and similarly disposed to the cubical content of the room, two sides have windows

118

4 Trystan Edwards, *Diagramm,* 1926

DAS POTENZIAL DER KOGNITIONSWISSENSCHAFT FÜR DIE ARCHITEKTUR

Beatrix Emo und Christoph Hölscher

Einführung

Was ein gutes Gebäude ausmacht, ist schwer zu beurteilen. Angesichts der Tatsache, dass Gebäude (häufig) Designobjekte sind, müssen dabei die Intentionen des Architekten bedacht werden. Selbstverständlich sind Architekten und Architekturkritiker sehr bewandert darin, die vielfältigen Dimensionen guter Architektur zu diskutieren und in diesem Zuge beispielsweise über die Ästhetik von Bauwerken zu sprechen oder zu erörtern, was ein Gebäude letztendlich zu Architektur macht. Doch wenn entschieden werden soll, ob es sich um ein gutes Gebäude handelt, sind die Auffassungen des Architekten nicht allein maßgebend. Denn ein weiterer wichtiger Blickwinkel – und einer, der oft vernachlässigt wird – ist die Meinung der Menschen, die das Gebäude nutzen. Im Idealfall entwirft der Architekt ein für die künftige Nutzung optimales Gebäude. Es gibt aber unzählige Beispiele, sogar einige preisgekrönte Entwürfe, wo dies nicht der Fall ist. Scheinbar besteht eine Diskrepanz zwischen den Vorstellungen der Planer und dem tatsächlichen Gebrauch durch die Gebäudenutzer. Ein Ziel des Projekts „Wie Architekten Räume ‚denken' und entwerfen" an dem der Lehrstuhl Cognitive Science der ETH Zürich mitarbeitet, besteht darin, diese Diskrepanz zu entschlüsseln. Im vorliegenden Kapitel sollen Wege aufgezeigt werden, wie dies möglich sein könnte, und es soll allgemein das Potenzial der Kognitionswissenschaft für die architektonische Gestaltung erläutert werden.

Raumkognition und Architekturentwurf

Kognitionswissenschaft ist „die Untersuchung von Intelligenz und intelligenten Systemen unter besonderer Beachtung von intelligentem Verhalten als Berechnungsprozess."[1] Die Entstehung dieses Fachbereichs wird oft mit der Gründung der Zeitschrift *Cognitive Science* 1970 verknüpft, und er umfasst sechs Kerndisziplinen: Psychologie, Informatik, Neurowissenschaft, Anthropologie, Linguistik und Philosophie.[2] Zwar ist Architektur kein Hauptbestandteil der Kognitionswissenschaft, aber ein Teil davon, genannt „Raumkognition", ist auch für die Architektur relevant. Die Raumkognition „versucht zu ergründen, wie Menschen und Tiere die räumlichen Eigenschaften ihrer Umgebung wahrnehmen, interpretieren, mental repräsentieren und mit ihnen umgehen."[3] Raumkognition ist ein vielfältiger und multidisziplinärer Fachbereich, der viel weniger etabliert ist als die Kognitionswissenschaft. Das erste Handbuch, das den Umfang der Raumkognition abzubilden und zu dokumentieren versuchte, wurde 2013 veröffentlicht.[4] Die Notwendigkeit, die Schnittstelle zwischen Architektur und Raumkognition zu untersuchen, entstammte dem Bedürfnis, den Faktor Mensch im Architekturentwurf eingehender zu beleuchten.[5]

Die Bedeutung des Nutzers im Architekturentwurf

Architektur ist gleichermaßen Kunst und Wissenschaft; nicht das eine oder das andere. Insofern lässt sie sich aus vielen verschiedenen Perspektiven betrachten, doch die der Kognitionswissenschaft gehört gewöhnlich nicht dazu. Der Wunsch, das Potenzial der Kognitionswissenschaft für die Architektur zu erkunden, rührte aus der scheinbar sehr unzureichenden Berücksichtigung der Bedürfnisse jener Menschen, die die Räume letztendlich nutzen. Obwohl dieses Versäumnis nicht omnipräsent ist, wie das Aufkommen der Phänomenologie[6] in Architektur und Architektursoziologie[7] belegen, stellt das Wirken am Kreuzungspunkt zwischen Architektur und Kognitionswissenschaft den Endnutzer gleichberechtigt neben Architekten und Gebäude, wie in Bild 1 dargestellt.

1 Simon, Herbert Alexander und Craig A. Kaplan. „Foundations of Cognitive Science". In *Foundations of Cognitive Science*, herausgegeben von M.I. Posner. 1–47. Cambridge, MA: MIT Press, 1993.

2 Nunez, Rafael, Michael Allen, Richaed Gao, Carson Miller Rigoli, Josephine Relaford-Doyle und Arturs Semenuks. „What happened to cognitive science?" In *Nature Human Behavior* 3, 782–719, 2019.

3 Waller, David und Lynn Nadel. „Introduction: Frameworks for understanding spatial thought (or wrapping our heads around space)". In *Handbook of Spatial Cognition*, Hrsg. D. Waller und L. Nadel, 3–12. Washington, D.C.: American Psychological Association, 2013.

4 Waller, David und Lynn Nadel. *Handbook of Spatial Cognition*. Washington, D.C.: American Psychological Association, 2013.

5 Für einen Überblick über aktuelle Arbeiten an der Schnittstelle zwischen Architektur und Raumkognition siehe: Mavros, Panagiotis, Rohit K. Dubey, Kristina Jazuk, Hengshan Li und Christoph Hölscher. „Architectural Psychology for Mixed-Use Cities". In *Future Cities Lab: Indicia 02,* herausgegeben von S. Cairns und D. Tunas. Zürich: Lars Müller Publishers, 2019. Emo, Beatrix, Kinda Al-Sayed und Tasos Varoudis. „Design, cognition and behaviour: Usability in the built environment". In *International Journal of Design, Creativity & Innovation*, 4, Nr. 2, 63–66, 2016. Conroy Dalton, Ruth, Christoph Hölscher und Alasdair Turner. „Understanding Space: The Nascent Synthesis of Cognition and the Syntax of Spatial Morphologies". In *Environment and Planning B: Planning and Design* 39, Nr. 1, 7–11, 2012.

6 Siehe grundlegende Texte, wie: Rasmussen, Steen Eiler. *Experiencing Architecture.* Cambridge, Massachusetts: MIT Press, 195. Norberg-Schulz, Christian. *Genius Loci: Towards a Phenomenology of Architecture.* New York: Rizzoli, 1980. Pallasmaa, Juhani. *The Eyes of the Skin: Architecture and the Senses.* New York: Wiley, 1996/2005. Für einen Überblick über Phänomenologie in der Architektur siehe: Seamon, David. „Phenomenology, place, environment, and architecture: A review of the literature". In *Phenomenology Online*, 36, 1–29, 2000.

7 Diverse Autoren haben in ihren Veröffentlichungen Architektur und Soziologie miteinander verknüpft. Für einen Überblick über die Arbeiten von Lucius Burckhardt siehe: Fezer, Jesko und Martin Schmitz (Hrsg.). *Lucius Burckhardt writings. Rethinking man-made environments: politics, landscape & design.* Basel: Birkhäuser Verlag, 2016. Ein anderer Ansatz, der die beiden Fachbereiche miteinander kombiniert, siehe: Löw, Martina. *The Sociology of Space—Materiality, Social Structures, and Action.* New York, Cultural Sociology: Palgrave Macmillan, 2016.

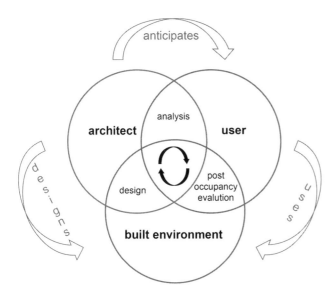

1 Ruth Dalton und Christoph Hölscher, *Die Bedeutung des Nutzers im Architekturentwurf,* 2017

Im Architekturstudium gab es von jeher nur sehr wenig Raum für Diskussionen über die Wirkung eines Entwurfs auf den potenziellen Endnutzer. Selbst der Begriff „Endnutzer" kam in der Sprache der Architekten, die ihre Arbeit präsentieren, gar nicht vor. Tatsächlich wird er häufiger in der Geschäftswelt verwendet, wo die Erfüllung der Bedürfnisse von Endnutzern einen monetären Wert besitzt. Der Begriff Endnutzer ist auch in einigen Design-Disziplinen anzutreffen, wie beispielsweise im Produktdesign und im weiten Anwendungsfeld der Mensch-Maschine-Interaktion (HCI; en: Human Computer Interaction). Wir erachten ihn aus mehreren Gründen als hilfreich:

(1) Er bezieht sich auf das Vor-Ort-Sein.
(2) Er deutet eine Beziehung zwischen Bauwerk und Menschen an.
(3) Er schließt die Möglichkeit nicht aus, dass ein Gebäude unterschiedliche Verhaltensweisen berücksichtigen sollte, die aus der Notwendigkeit oder Vorlieben entstehen.

Durch die Verwendung des Begriffs bekräftigen wir, dass es unerlässlich ist, zu erörtern, wie sich Menschen in Gebäuden verhalten, und dass dieses Verhalten ein inhärenter Bestandteil des architektonischen Diskurses sein sollte.

Evidenzbasierte Entwurfsverfahren

Seit zwei Jahrzehnten gibt es konzertierte Anstrengungen, die unterschiedlichen Facetten von nutzerorientierter Architektur zu erforschen. Solche Bemühungen finden statt unter der Leitung von interdisziplinären Forschungseinrichtungen, wie dem DFG-Transregio-Sonderforschungsbereich SFB/TR 8 „Spatial Cognition" in Deutschland – das vom Forschungszentrum Bremen Spatial Cognition Center (BSCC) abgelöst wurde – oder dem Spatial Intelligence and Learning Center (SILC) in

den USA, sowie in einzelnen Forschungsgruppen (von denen der Lehrstuhl Cognitive Science der ETH Zürich nur eine ist) und diversen Architekturbüros (wie Space Syntax Ltd., Spacelab, Spacescape usw.). Viele Architekturstudios, wie KCAP und UN Studio, haben zudem Verfahren eingeführt, die darstellen, wie sich Menschen in Räumen verhalten, wobei jedoch der Zugriff auf solche Daten meist vertraulich ist.[8]

Ein Grundpfeiler für den Erfolg von nutzerzentrierten Ansätzen ist die Integration von Praktiken aus unterschiedlichen Fachbereichen, wie beispielsweise der Kognitionswissenschaft. Derartige Mischmethoden werden als „evidenzbasierte" Entwurfsverfahren bezeichnet.[9] Beispiele solcher Methoden, die zur Verbesserung des evidenzbasierten Entwurfs verwendet werden können, sind Verhaltensbeobachtungen, Daten aus Fragebögen und Gesprächen, Sichtanalyse und Raumsyntax oder Simulation und Agent-based Modeling sowie ganz allgemein Verhaltensexperimente. Sie können dazu dienen, den Faktor Mensch in der Gebäude- und Stadtplanung zu beleuchten.[10]

Obwohl die Wissenschaftler und Praktiker, die solche Methoden anwenden, bereits eine relevante kritische Masse darstellen, ist dieses Vorgehen noch lange kein Mainstream. Grund dafür sind diverse limitierende Faktoren, die die flächendeckende Übernahme evidenzbasierter Entwurfsverfahren in der Architektur verhindern.[11] Zwei gravierende Hürden für die korrekte Umsetzung sind der erforderliche Zeitbedarf und das benötigte Spezialwissen. Zum Beispiel würden Planungsbüros zwar gerne Verhaltensdaten von Personen, die vorhandene Räume nutzen, systematisch sammeln, doch dies in einem ausreichenden Maße zu tun, braucht Zeit. Eine weitere Option wäre der Einsatz von Simulationstools, um vorherzusagen, wie sich Menschen in einem bestimmten Raum verhalten. Aber diese Tools basieren meist auf anderer Software als den typischen CAD-Programmen der Planer, was mehrere Probleme birgt. Langwierige Import-/Exportvorgänge machen beispielsweise die Prüfung von aufeinander folgenden Entwurfsiterationen sehr mühsam; oder Simulationen auszuführen und die Ergebnisse zu bewerten, erfordert Spezialwissen, das häufig nur durch Weiterbildung (z. B. im Masterstudium von Architekten) gewonnen werden kann. Trotz dieser Einschränkungen haben evidenzbasierte Entwurfsverfahren in realen Fallstudien bereits nützliche Erkenntnisse zum Faktor Mensch geliefert, wie das nachfolgende Beispiel der Seattle Central Library zeigt.

8   Siehe dazu die folgenden Präsentationen aus dem Kursmodul „Evidence-Based Design: Methods and Tools For Evaluating Architectural Design" am Lehrstuhl Cognitive Science der ETH Zürich: Präsentation von Ute Schneider: „Humanscale, Urbanscale. Flows: mobility and accessibility as driver for density, intensity and urbanity" (28. November 2017), ETH Zürich, Schweiz; Präsentation von Christian Veddeler: „Motion Matters: Systems Thinking in Architecture" (3. Dezember 2019), ETH Zürich, Schweiz.

9   Für eine Erörterung zur Verwendung des Begriffs „evidenzbasierte Verfahren" in der Architektur siehe: Emo, Beatrix. „Why evidence-based design methods are useful for architectural design". In *Research Culture in Architecture: Cross-disciplinary collaboration*, herausgegeben von Christopher Robelle, Cornelie Leopold und Ulrike Weber, 173–182. Basel: Birkhäuser Verlag, 2019.

10 Für eine aktuelle Diskussion zur Anwendung solcher Methoden in der Forschung zu Städten mit Mischnutzung siehe Panagiotis Mavros et al., 2019 (siehe Fußnote 5).

11 Eine Erörterung dazu siehe: Emo, Beatrix. „Why evidence-based design methods are useful for architectural design". In *Research Culture in Architecture: Cross-disciplinary collaboration*, herausgegeben von Christopher Robelle, Cornelie Leopold und Ulrike Weber, 173–182. Basel: Birkhäuser Verlag, 2019.

Fallstudie: Seattle Central Library

Das berühmte Bibliotheksgebäude der Seattle Central Library wurde vom Office of Metropolitan Architects (OMA) und dem Büro Loschky, Marquardt, and Nesholm Architects (LMN) entworfen und 2004 eröffnet. Das Gebäude erhielt zahlreiche Auszeichnungen (z.B. 2005 von der American Library Association als bestes Bauwerk).[12] Allerdings fällt es den Nutzern schwer, sich in seinem Inneren zu orientieren.[13] Diese beiden widersprüchlichen Tatsachen – ein prämierter Entwurf einerseits und ein unübersichtlicher Raumkörper andererseits – miteinander in Einklang zu bringen, stellt sich als Herausforderung dar. Grund dafür ist die von vielen geteilte, unterschwellige Annahme, dass die Orientierung in einer öffentlichen Bibliothek keine Schwierigkeiten bereiten sollte. Mit einer Vielzahl unterschiedlicher Methoden entschlüsselte ein interdisziplinäres Forschungsteam die Komplexität des Gebäudes, um herauszufinden, ob diese Komplexität die Erwartungen der Nutzer erfüllt – oder nicht.[14] Es zeigte sich, dass den Bedürfnisse der Nutzer hinsichtlich Übersichtlichkeit nicht Rechnung getragen wurden, denn viele von ihnen berichten, dass sie der Gang durch das Gebäude frustriere und sie sich nur schwer zurechtfänden. Die Untersuchungen an der Seattle Central Library haben deutlich offenbart, wie ein preisgekröntes, komplexes Gebäude von seinen Nutzern wahrgenommen wird. Ein Thema, das jedoch in der Diskussion ausgespart bleibt, ist die Frage, ob spezielle Bauwerke – Bibliotheken oder öffentliche Gebäude allgemein – überhaupt eine einfache Orientierung ermöglichen *sollten*. Kognitionswissenschaftler, Architekturforscher und Architekturschaffende vertreten dazu vermutlich unterschiedliche Auffassungen. Im Zuge weiterer Arbeiten an der Schnittstelle von Architektur und Psychologie wäre ein kritischer Diskurs darüber wünschenswert, ob (öffentliche) Gebäude die leichte Orientierung ermöglichen sollten.

Ausblick: Das Potenzial der Kognitionswissenschaft für die Architektur

Die kognitive Wende der 1950er und 1960er Jahre wirkte sich auf viele Fachbereiche, darunter auch die Architektur, aus. Seit mehr als zwanzig Jahren versucht die Forschung an der Schnittstelle zwischen Kognitionswissenschaft und Architektur besser zu verstehen, wie Nutzer ihre gebaute Umgebung erleben. Dies erfolgt in Fallstudien von sowohl einzelnen Bauwerken als auch auf städtischer Ebene. In solchen Untersuchungen wurden potenzielle Synergien am Kreuzungspunkt dieser beiden Fachbereiche erkannt, aber noch nicht erschöpfend erforscht. Trotz der Entwicklung von evidenzbasierten Entwurfshilfsmitteln werden diese im Entwurfsprozess nur selten angewendet. Dies ließe sich unter anderem durch die Aufnahme dieser Methoden in den Lehrplan der Architekturhochschulen ändern.[15] Eine weitere Herausforderung ist die Entwicklung von Tools, die sich nahtlos und ohne langwierige Import-/Exportvorgänge in den Entwurfsprozess integrieren lassen, damit sie auch in einzelnen Iterationsschritten genutzt werden können. Erkenntnisse aus Kursen, die am Lehrstuhl Cognitive Science seit fünf Jahren gelehrt werden, deuten darauf hin, dass evidenzbasierte Entwurfsverfahren gut funktionieren, wenn sie iterativ eingesetzt werden, und als Feedbackschleife aus Entwurf und Analyse am effektivsten sind – was bedeutet, dass jeder Schritt des Entwurfsprozesses auf den Ergebnissen der zuvor durchgeführten Analyse aufbaut (wie durch die Pfeile in der Mitte von Bild 1 dargestellt). Abschließend sei angemerkt, dass noch weitere Anstrengungen nötig sind, um zu eruieren, wie sich das von interdisziplinären Forschungsteams zusammengetragene Wissen am besten in die Praxis übertragen lässt, damit die nächste Generation der Architekturschaffenden von den Fortschritten der Kognitionswissenschaft in der Architektur profitieren kann.

12   American Library Association, AIA/ALA Library Buildings Award 2005 und 2007, http://www.ala.org/llama/awards/aiaalalibrarybuildings (abgerufen am 11. November 2019).

13   Robin Pogrebin, Inside the year's best reviewed buildings, *The New York Times* (26. Dezember 2004), https://www.nytimes.com/2004/12/26/arts/design/inside-the-years-bestreviewed-buildings.html (abgerufen am 11. November 2019).

14   Conroy Dalton, Ruth und Christoph Hölscher. *Take One Building. Interdisciplinary Research Perspectives of the Seattle Central Library.* Abingdon, Oxon: Routledge, 2017. Kuliga, Saskia F., Benjamin Nelligan, Ruth Conroy Dalton, Steven Marchette, Amy L. Shelton, Laura Carlson und Christoph Hölscher. „Exploring Individual Differences and Building Complexity in Wayfinding: The Case of the Seattle Central Library". In *Environment and Behavior* 51, Nr. 5, 622–665, 2019.

15   Emo, Beatrix und Christoph Hölscher. „Evidence-Based Design Thinking": *ETH Zurich Innoview*, https://staging.innoview.pbdev.ch/project/evidence-based-design-thinking/ (abgerufen am 11. November 2019).

GESCHLECHTERUNTERSCHIEDE IM RÄUMLICHEN VORSTELLUNGSVERMÖGEN UND IN MINT-FÄCHERN

Michal Berkowitz und Elsbeth Stern

Seit vielen Jahrzehnten ist in Forschung und Lehre bekannt, dass Frauen auf den Gebieten Mathematik, Informatik, Naturwissenschaften und Technik (MINT) unterrepräsentiert sind. Doch ab den 1970er Jahren verzeichneten die MINT-Fächer einen (wenn auch sehr langsam) ansteigenden Frauenanteil. In einigen Fachbereichen, wie dem Ingenieurwesen und der Informatik, bleibt der Frauenanteil allerdings niedrig und hat sich seit den 1990er Jahren kaum verändert.[1] Dieses Faktum ließ die gesellschaftlich und wirtschaftlich relevante Frage aufkommen, woher die Ungleichverteilung der Geschlechter innerhalb der Fachbereiche rührt, insbesondere in Anbetracht der Tatsache, dass Frauen intellektuell nicht weniger geeignet sind als Männer, um auf diesen Gebieten zu brillieren.[2] Aus dem Grund wird in Teilbereichen der Psychologie, aber auch in Pädagogik und Soziologie die Geschlechterfrage innerhalb der Schul- und Berufsausbildung eingehender erforscht.

Ein Aspekt der Geschlechtsunterschiede, dem im Zusammenhang mit dem Lernerfolg in MINT-Fächern viel empirische Aufmerksamkeit zuteilwurde, ist das Abschneiden bei Raumvorstellungstests. Während sich in den meisten Bereichen der kognitiven Leistungsfähigkeit keine wesentlichen Differenzen zwischen den Geschlechtern zeigten,[3] konnten in einigen Raumvorstellungstests deutliche Unterschiede zugunsten der männlichen Teilnehmer gefunden werden.[4] Die häufigsten Abweichungen betrafen mentale Rotationsaufgaben, d. h. die Fähigkeit, Objekte gedanklich rotieren zu lassen, beispielsweise um zu beurteilen, ob sie identisch oder spiegelverkehrt sind. Diese Fähigkeit wird durch klassische Mental Rotation Tests[5] gemessen. Für Kinder existieren altersgemäße Varianten dieses Tests mit anderen Stimuli. Ein großer Teil der Forschungsergebnisse zeigt, dass männliche Teilnehmer sowohl im Kindes- als auch im Erwachsenenalter über alle Kulturkreise

und alle Fachbereiche hinweg bei mentalen Rotationsaufgaben überlegen sind.[6] Doch warum schneiden Frauen bei einigen Raumvorstellungstests schlechter ab als Männer? Die Antworten auf diese Frage reichen von biologischen Gründen, einschließlich genetischer und hormoneller Einflüsse, bis hin zu sozialer umgebungsbedingter Prägung, wie durch geschlechtsspezifische Spiele und Erfahrungen.[7] Einigen Spielsachen, wie Bauklötzen oder manchen Computerprogrammen, wird eine positive Wirkung auf die mentale Rotationsfähigkeit zugeschrieben, und diese werden typischerweise als Jungenspielzeug betrachtet.[8]

Da das kulturelle und soziale Umfeld Einfluss auf die Präferenzen von Kindern hat, ist davon auszugehen, dass Jungen und Mädchen von frühester Kindheit an unterschiedliche Erfahrungen machen, die sich auf die Entwicklung ihrer Fähigkeiten auswirken. Viele Wissenschaftler bestätigen, dass zahlreiche Faktoren zu geschlechtsspezifischen Unterschieden im räumlichen Vorstellungsvermögen beitragen, jedoch sei es schwierig, den jeweiligen Anteil des einzelnen Faktors zu bestimmen. Gleichwohl deuten Zwillingsstudien darauf hin, dass die Varianz in der räumlichen Vorstellungsfähigkeit zum überwiegenden Teil auf das Umfeld statt auf genetische Faktoren zurückzuführen ist, und zwar bei Mädchen ebenso wie bei Jungen.[9] Derartige Befunde sind nicht nur aus rein kognitiver Sicht interessant, sondern auch wegen ihrer möglichen Implikationen auf die schulische und berufliche Leistung, speziell in den MINT-Fächern. Insbesondere weil räumliches Denken für viele MINT-Disziplinen, einschließlich Ingenieurwesen, Chemie, Geowissenschaften, Mathematik, Medizin und natürlich Architektur, sehr relevant ist, gilt das räumliche Vorstellungsvermögen als wichtige Voraussetzung, um in diesen Fächern erfolgreich zu sein. Den größten Einfluss haben räumliche Fähigkeiten, wie sie in Standardverfahren gemessen werden, auf Anfängerniveau, wenn

1   Ceci, Stephen J., Donna K. Ginther, Shulamit Kahn und Wendy M. Williams. „Women in academic science: A changing landscape." In *Psychological Science in the Public Interest*, 15, Nr. 3, 75–141, 2014.

2   Lindberg, Sara M., Janet Shibley Hyde, Jennifer Petersen und Marcia C. Linn. „New trends in gender and mathematics performance: A meta-analysis." In *Psychological Bulletin* 136, Nr. 6 (2010), S. 1123–1135. Strand, Steve, Ian J. Deary und Pauline Smith. „Sex differences in cognitive abilities test scores: A UK national picture." In *British Journal of Educational Psychology* 76, Nr. 3, 463–480, 2006.

3   Ceci et al. 2014 (siehe Fußnote 1); Shipley Hyde, Janet. „The gender similarities hypothesis." In *American Psychologist*, 60, Nr. 6, 581, 2005.

4   Levine, Susan Cohen, Alana Dulaney, Stella F. Lourenco, Stacy Ehrlich und Kristin Ratliff. „Sex differences in spatial cognition: Advancing the conversation." In *Wiley Interdisciplinary Reviews: Cognitive Science* 7, Nr. 2, 127–155, 2016. Linn, Marcia C. und Anne C. Petersen. „Emergence and characterization of sex differences in spatial ability: A meta-analysis." In *Child Development*, 1479–1498, 1985. Voyer, Daniel, Susan Voyer und Philip Bryden. „Magnitude of sex differences in spatial abilities: a meta-analysis and consideration of critical variables." In *Psychological Bulletin*, 117, Nr. 2, 250, 1995.

5   Vandenberg, Steven G. und Allan R. Kuse. „Mental Rotations, a Group Test of Three-Dimensional Spatial Visualization." In *Perceptual and Motor Skills* 47, Nr. 2, 599–604, 1978.

6   Levine et al., 2016 (siehe Fußnote 4); Peters, Michael, Wolfgang Lehmann, Sayuri Takahira, Yoshiaki Takeuchi und Kirsten Jordan. „Mental rotation test performance in four cross-cultural samples (n = 3367): overall sex differences and the role of academic program in performance." In *Cortex* 42, Nr. 7, 1005–1014, 2006.

7   Siehe Levine et al., 2016 für einen ausführlichen Bericht (siehe Fußnote 4).

8   Quaiser-Pohl, Claudia M., Christian Geiser und Wolfgang Lehmann. „The relation between computer-game preference, gender, and mental-rotation ability." In *Personality and Individual Differences* 40, Nr. 3, 609–619, 2006. Terlecki, Melissa S. und Nora Newcombe. „How important is the digital divide? The relation of computer and videogame usage to gender differences in mental rotation ability." In *Sex Roles* 53, Nr. 5–6, 433–441, 2005. Weisgram, Erica S. und Lisa M. Dinella, *Gender typing of children's toys: How Early Play Experiences Impact Development*. Washington, D.C.: American Psychological Association, 2018.

9   Tosto, Maria Grazia, Ken Benjamin Hanscombe, Claire M. A. Haworth, Oliver S. P. Davis, Stephen Petrill, Philip S. Dale, Sergey Malykh, Robert Plomin und Yulia Kovas. „Why do spatial abilities predict mathematical performance?" In *Developmental Science* 17, Nr. 3, 462–470, 2014.

Studierende noch wenig bereichsspezifisches Wissen und Fähigkeiten mitbringen.[10] Darüber hinaus gilt das räumliche Vorstellungsvermögen neben anderen Indikatoren, wie den verbalen und mathematischen Fähigkeiten, als langfristiger Indikator für akademischen Erfolg in MINT-Fächern.[11] Es überrascht somit nicht, dass die ungleich ausgeprägte räumliche Vorstellungsfähigkeit mitverantwortlich für die geringere Anzahl von Frauen in MINT-Berufen ist. Aber es gibt unterschiedliche Auffassungen, inwieweit sich allein anhand dieser geschlechtsspezifischen Unterschieden die Unterrepräsentation von Frauen in MINT-Fächern erklären lässt.[12] Zahlreiche Abhandlungen zu diesem Thema führen jedoch Geschlechtsunterschiede bei den räumlichen Fähigkeiten als einen von mehreren zu beachtenden Faktoren an.[13]

Die Tatsache, dass sich räumliches Vorstellungsvermögen durch Training steigern lässt, ist unstrittig.[14] Zahlreiche Studien belegen, dass sich durch das Lösen von räumlichen Denkaufgaben, insbesondere über einen längeren Zeitraum hinweg, diese Fähigkeiten deutlich verbessern. Diese positive Wirkung zeigt sich am deutlichsten bei Aufgaben, die den Übungsaufgaben gleichen, aber einige Effekte wirken sich auch auf andere räumliche Aufgaben aus. In einer Untersuchung trainierten einige Studierende die mentale Rotation mit einem Computerspiel und andere wiederholten denselben mentalen Rotationstest innerhalb von zwölf Wochen mehrmals.[15] Beide Trainingsarten führten zu einer langfristigen Verbesserung der mentalen Rotationsfähigkeit, und die Gruppe, die mit dem Computerspiel übte, wies zudem die erwähnten Übertragungseffekte auf. Hinsichtlich des Geschlechts lässt sich sagen, dass sich die Leistung sowohl der Männer als auch der Frauen verbesserte. Wie stark dies gelang, hing jedoch von den jeweiligen Vorerfahrungen mit räumlichen Aufgaben ab. Verglichen mit den Männern und mit Frauen mit hohem Erfahrungsniveau verbesserten sich Frauen mit geringer Vorerfahrung in der Anfangsphase langsamer, aber zeigten in den späteren Phasen einen merklichen Anstieg. Sheryl Sorby entwickelte ein umfangreiches Programm zur Förderung des räumlichen Vorstellungsvermögens von Studienanfängern, deren räumliche Fähigkeiten nur gering ausgeprägt waren. In dieser Gruppe waren Frauen proportional stärker vertreten als

Männer.[16] Dieses Trainingsprogramm wurde als wöchentlicher Kurs absolviert, in dem die Studierenden Übungen bearbeiten mussten, die verschiedene räumliche Visualisierungsfähigkeiten (wie Rotation, Querschnitte, Orthogonalprojektionen) erforderten. Durch den Kurs verbesserte sich die räumliche Vorstellungsfähigkeit signifikant, und darüber hinaus erzielten die Teilnehmer im Vergleich zu den Studierenden, die dieses Training nicht erhalten hatten, bessere Noten im technischen Zeichnen.

Angesichts dieser Erkenntnisse besteht eine Möglichkeit zur Reduzierung von Geschlechterunterschieden beim räumlichen Denken darin, diese Fähigkeiten zu üben und gezielt zu trainieren. Vor allem weil Männer und Frauen zu Beginn des Hochschulstudiums unterschiedliche Erfahrungsniveaus mit räumlichen Aufgaben mitbringen, könnte ein gezieltes Training zu Studienbeginn den Studierenden ein schnelleres Vorankommen in räumlich anspruchsvollen Fachgebieten, wie Bauingenieurwesen und Architektur, ermöglichen. Doch da Männer und Frauen gleichermaßen davon profitieren, wenn sie ihr räumliches Denkvermögen trainieren, lässt sich durch das Angebot eines solchen Trainingskurses für beide Geschlechter die Kluft zwischen Männern und Frauen vermutlich nicht schließen.[17] Es könnte aber dennoch wichtig sein, anfänglich unterentwickelte Fähigkeiten beim räumlichen Denken bis zu einem gewissen Grad zu verbessern und damit eine bessere Ausgangsposition zu erhalten, auch wenn die Lücke zwischen den Geschlechtern bestehen bleibt.

Dieser letzte Punkt führt uns zu mehreren noch offenen Fragen bezüglich des Zusammenhangs zwischen den Geschlechtsunterschieden beim räumlichen Vorstellungsvermögen und in MINT-Fächern. Zunächst einmal ist nicht geklärt, ob die schwächere Leistung von Frauen bei einigen räumlichen Aufgaben ein Grund dafür ist, warum sie sich seltener für MINT-Fächer entscheiden und zudem ihr Studium häufiger abbrechen. Ein eindeutiger und direkter Zusammenhang zwischen psychometrischen räumlichen Fähigkeiten mit nachgewiesenen Geschlechtsunterschieden und den fachspezifischen Leistungen – wie Erfolge in bestimmten MINT-Fächern oder die berufliche Stellung – wurde noch nicht zweifelsfrei belegt. Einige Studien, in denen das räumliche Vorstellungsvermögen von Fachleuten untersucht wurde, kamen jedoch zu dem Schluss, dass diese Menschen spezielle Fähigkeiten auf ihren jeweiligen Gebieten entwickeln, statt auf allgemeine räumliche Denkmuster zurückzugreifen, wie solche, die in standardisierten Tests gemessen werden.[18]

Man könnte sich nun fragen, ob ein Studium, das eine große räumliche Vorstellungsfähigkeit erfordert wie die Architektur,

10 Uttal, David H. und Cheryl Ann Cohen. „Spatial Thinking and STEM Education." In *Psychology of Learning and Motivation*, Vol. 57, 147–181. Amsterdam: Elsevier, 2012.

11 Wai, Jonathan, David Lubinski und Camilla P. Benbow. „Spatial ability for STEM domains: Aligning over 50 years of cumulative psychological knowledge solidifies its importance." In *Journal of Educational Psychology* 101, Nr. 4, 817–835, 2009.

12 Ceci et al., 2014 (siehe Fußnote 1).

13 Halpern, Diane, Camilla P. Benbow, David C. Geary, Ruben Gur, Janet Shibley Hyde und Morton Ann Gernsbacher. „The Science of Sex Differences in Science and Mathematics." In *Psychological Science in the Public Interest* 8, Nr. 1, 1–51, 2007.

14 Baenninger, Maryann und Nora Newcombe. „The role of experience in spatial test performance: A meta-analysis." In *Sex Roles* 20, Nr. 5–6, 327–344, 1989. Uttal, David H., Nathaniel G. Meadow, Elizabeth Tipton, Linda L. Hand, Alison R. Alden, Christopher Warren und Nora S. Newcombe. „The malleability of spatial skills: A meta-analysis of training studies." In *Psychological Bulletin* 139, 352–402, 2013.

15 Terlecki, Melissa S., Nora S. Newcombe und Michelle Little. „Durable and generalized effects of spatial experience on mental rotation: Gender differences in growth patterns." In *Applied Cognitive Psychology: The Official Journal of the Society for Applied Research in Memory and Cognition* 22, Nr. 7, 996–1013, 2008.

16 Sorby, Sheryl. „Developing 3D spatial skills for engineering students." In *Australasian Journal of Engineering Education* 13, Nr. 1, 1–11, 2007. Sorby, Sheryl, Beth M. Casey, Norma Veurink und Alana Dulaney. „The role of spatial training in improving spatial and calculus performance in engineering students." In *Learning and Individual Differences* 26, 20–29, 2013. Sorby, Sheryl und Beverly J. Baartmans. „The Development and Assessment of a Course for Enhancing the 3-D Spatial Visualization Skills of First Year Engineering Students." In *Journal of Engineering Education* 89, Nr. 3, 301–307, 2000.

17 Baenninger und Newcombe, 1989 (siehe Fußnote 14); Levine et al., 2016 (siehe Fußnote 4).

18 Stieff, Mike, Minjung Ryu, Bonnie Dixon und Mary Hegarty. „The Role of Spatial Ability and Strategy Preference for Spatial Problem Solving in Organic Chemistry." In *Journal of Chemical Education* 89, Nr. 7 854–859, 2012.

nicht an sich schon genügend Übungen für den späteren Beruf mit sich bringt. Um das Training der räumlichen Vorstellungsfähigkeit als probates Mittel zur Reduzierung der Geschlechterlücke im MINT-Bereich zu rechtfertigen, müsste man beweisen, dass geschlechtsspezifische Unterschiede der Grund dafür sind, dass Frauen den Anforderungen in diesen Fächern nicht gerecht werden. Selbstverständlich könnte man angesichts der positiven Ergebnisse allen Studierenden ungeachtet ihres Geschlechts ein solches Training angedeihen lassen, um ihre bereits vorhandenen Fähigkeiten im räumlichen Denken zu „pushen", sofern sie für den gewählten Beruf relevant sind. Außerdem ist nicht bekannt, welches Maß an räumlichem Vorstellungsvermögen den Erfolg in den MINT-Fächern garantiert und ob es überhaupt einen Grenzwert gibt. Wenn man bedenkt, dass Geschlechtsunterschiede im räumlichen Denken auch nach einem Training fortbestehen werden, welche Auswirkung hätte dies dann auf die Geschlechterkluft im schulischen und beruflichen Erfolg? Da sich gezeigt hat, dass Männer bei räumlichen Aufgaben im Vorteil sind, wäre eine Hypothese, dass dieser Vorsprung bestehen bleibt. Doch es gibt noch weitere. Es könnte sein, dass ab einem bestimmten Leistungsniveau die Geschlechtsunterschiede bei Aufgaben wie der mentalen Rotation für die Erfüllung fachspezifischer Aufgaben keine Rolle mehr spielen, weil beide Geschlechter hinreichendes Fachwissen erworben haben. Wie schon erwähnt, ist das räumliche Vorstellungsvermögen nicht der einzige, oder gar der wichtigste Grund für die Unterrepräsentation von Frauen in technischen Berufen. Stattdessen entscheiden sich sogar Frauen mit geeigneten kognitiven Fähigkeiten – wozu mathematisches Können ebenso wie räumliches Vorstellungsvermögen gehört – seltener für MINT-Fächer als Männer mit ähnlichen Voraussetzungen.[19] Nach Meinung vieler Wissenschaftler spielen zahlreiche andere Faktoren bei den schulischen und beruflichen Unterschieden zwischen Männern und Frauen eine Rolle, wie beispielsweise die Selbsteinschätzung, die Interessen, der Glaube an die eigenen Fähigkeiten und Geschlechterstereotype.[20]

Zusammenfassend lässt sich sagen, dass sich der Frauen- und Männeranteil in einigen MINT-Fächern stark unterscheidet. Ähnliche Unterschiede bestehen auch beim Lösen mancher räumlicher Denkaufgaben. Forscher vermuten, dass Letzteres eine von vielen Ursachen für Ersteres ist. Da im vorliegenden Buch die Architektur im Mittelpunkt steht, schließen wir mit einigen für dieses Fachgebiet relevanten Anmerkungen. Architektur wird hin und wieder als MINT-Disziplin klassifiziert, gehört jedoch auch in den Bereich der Kunst. Verglichen mit männlich dominierten MINT-Fächern ist der Frauenanteil im Architekturstudium größer. Im Grundstudium beträgt er 40 % bis 50 % und im Hauptstudium liegt er nur geringfügig darunter.[21]

Doch wie auch in anderen Disziplinen sinkt auch in der Architektur der Frauenanteil mit der Höhe der Karriereleiter. Ebenso wie die anderen MINT-Fächer wurde Architektur von jeher als männlich dominierter Beruf wahrgenommen, und dies scheint bis heute so zu sein.[22] Auch wenn nur wenige Menschen bestreiten würden, dass Architekten ein gutes räumliches Vorstellungsvermögen brauchen, gibt es gewiss noch weitere Eigenschaften, die einen „guten Architekturschaffenden" ausmachen. Zudem weisen geschlechtsspezifische Unterschiede in Raumvorstellungstests nicht unbedingt auf unterschiedliche fachspezifische Leistung von Frauen und Männern hin, wie oben erläutert, und damit kann allein aus diesen Tests keine umfassende Erklärung für die Geschlechterkluft auf schulischer und beruflicher Ebene abgeleitet werden. Frauen stoßen in der Architektur vermutlich auf mehrere Hindernisse, die nichts mit den kognitiven Fähigkeiten dieses Berufs zu tun haben.[23] Im Vergleich zu anderen MINT-Fächern scheint es aktuell nur wenig Forschungstätigkeit auf diesem Gebiet zu geben. Die geschlechtsspezifischen Leistungsunterschiede in Raumvorstellungstests aus den in diesem Buch beschriebenen Forschungsprojekten stimmen mit den Ergebnissen aus anderen Veröffentlichungen überein. Wir gehen aber davon aus, dass ihre Auswirkungen auf die berufliche Entwicklung von Frauen und Männern in der Architektur noch lange nicht umfassend geklärt sind. Um die Geschlechterungleichheit im Architekturbereich umfassend beurteilen zu können, müssten in künftige Forschungsvorhaben noch andere Faktoren als nur die kognitiven Fähigkeiten einbezogen werden, und die Studierenden müssten systematisch auf ihren einzelnen Karriereschritten begleitet werden.

19 Dekhtyar, Serhiy, Daniela Weber, Jonas Helgertz und Agneta Herlitz. „Sex differences in academic strengths contribute to gender segregation in education and occupation: A longitudinal examination of 167,776 individuals." In Intelligence 67, 84–92, März 2018.

20 Ceci et al., 2014 (siehe Fußnote 1).

21 ETH Zürich, Gender Monitoring Bericht 2018/2019, https://ethz.ch/services/en/employment-and-work/working-environment/equal-opportunities/strategie-und-zahlen/gender-monitoring.html (abgerufen am 19. November 2019); Association of Collegiate Schools of Architecture, Where are the Women? Measuring Progress on Gender in Architecture (October 2014), http://www.acsa-arch.org/resources/data-resources/women (abgerufen am 19. November 2019).

22 Kuhlmann, Dörte. Gender studies in architecture: space, power and difference. Abingdon: Routledge 2014.

23 Ebd.

DIE THEORIE DER VIELFACHEN INTELLIGENZEN UND DIE ARCHITEKTURAUSBILDUNG

Peter Holgate

Kunst- und Designfächer, einschließlich Architektur, haben schon immer Studierende angezogen, deren besondere Begabungen und Fähigkeiten von den dominierenden textbasierten Lern- und Lehrmethoden, die in den meisten Lehrplänen auf Sekundar- oder Hochschulniveau angewendet werden, nicht unbedingt geschätzt oder gewürdigt wurden. Eingefahrene Strukturen, die die Beurteilung der Sprach- und Schreibkompetenzen präferieren, lassen andere Eigenschaften und Fähigkeiten, die ebenfalls zum akademischen Profil und Potenzial von Lernenden beitragen, völlig außer Acht. Als Reaktion auf diesen hegemonialen Ansatz strebt Howard Gardners „Theorie der vielfachen Intelligenzen" danach, die funktionalen, emotionalen, kreativen und praktischen Kompetenzen ganzheitlicher zu betrachten und zu kategorisieren.[1] In seiner ursprünglichen Theorie unterteilt Gardner den normativen, singulären Intelligenzbegriff in acht unterschiedliche „Intelligenzformen", mit denen sich die vielfältigen Fähigkeiten, die zur vollen Funktionalität eines Menschen erforderlich sind, möglicherweise präziser darstellen lassen:

1) musikalisch-rhythmische Intelligenz, 2) bildlich-räumliche Intelligenz, 3) sprachlich-linguistische Intelligenz, 4) logisch-mathematische Intelligenz, 5) körperlich-kinästhetische Intelligenz, 6) interpersonale Intelligenz, 7) intrapersonale Intelligenz, 8) naturalistische Intelligenz.

Die traditionellen Lehr- und Lernansätze in der Schulausbildung bevorzugen Bewertungsverfahren, die sich auf „sprachlich-linguistische" und „logisch-mathematische" Formen beziehen. Eine Evaluierung der menschlichen Fähigkeiten in den anderen sechs Gebieten scheint relativ selten zu erfolgen. Darum erhofft man sich von dem Forschungsprojekt „Wie denken und entwerfen Architekturschaffende" von der ZHAW und der ETH Zürich zahlreiche Erkenntnisse zur Verbesserung der Lehransätze, insbesondere was die Entwicklung objektiver Methoden zur Bewertung der Intelligenz und der Fähigkeiten auf bildlich-räumlichem Gebiet angeht. Denn dies ist für die Entfaltung und Beurteilung von räumlichem Denkvermögen, Wahrnehmungs- und Problemlösungskompetenzen im Entwurfsprozess von Bauwerken von besonderem Belang. Im Prinzip kann dieses Forschungstool dazu verwendet werden, die vorhandenen Fähigkeiten der Nutzer und Studierenden dahingehend zu bewerten, inwieweit sie zweidimensionale Informationen als dreidimensionale Modelle interpretieren können (und umgekehrt), ob sie dreidimensionale Formen mental rotieren und sich diese aus anderen Perspektiven vorstellen können und ob sie Pläne, Schnitte und Aufrisse aus einzelnen zweidimensionalen Darstellungen korrelieren können. Wird eine „bildlich-räumliche" Intelligenz festgestellt, könnte dies darauf hindeuten, dass die Person über gutes Entwurfsdenken, Visualisierungsfähigkeiten und dreidimensionale Kreativität verfügt, und damit ließe sich ihr möglicher Erfolg im aktuellen oder zukünftigen Beruf, der Fähigkeiten wie schlussfolgerndes Denken und komplexe Problemlösungen verlangt, vorhersagen.[2] Das empirische Verfahren aus der Online-Auswertung kann auch als empirische Alternative zu subjektiven Bewertungsmodellen durch „Fachleute" dienen, die in der Kunst- und Designlehre noch immer vorherrschen,[3] weil sich damit möglicherweise noch ungenutzte Potenziale der räumlichen Intelligenz von Studierenden bereits zu Studienbeginn identifizieren lassen.

Darüber hinaus bietet eine solche Längsschnittstudie die Gelegenheit zu prüfen, ob die „bildlich-räumliche" Intelligenz durch die normativen Verfahren der Architekturausbildung erworben oder verbessert wird. Eine derart transformative Wirkung sollte ein inhärentes Ziel dieser Lehre sein.[4] Das National Architectural Accrediting Board, das in den USA für die Akkreditierung von Architekturausbildungen zuständig ist, fordert, dass die Lehrpläne „Absolventen hervorbringen, die den Entwurf als einen mehrdimensionalen Prozess wahrnehmen, der auf Problemlösung und der Entdeckung neuer Möglichkeiten beruht."[5] Abschnitt A der Akkreditierungsbedingungen trägt den Titel „Critical Thinking and Representation" und behandelt die Leistungskriterien für Studierende. Darin wird den zwei- und dreidimensionalen Entwurfsfähigkeiten von Studierenden besondere Beachtung geschenkt.[6] Doch im Bestreben, diese Lernziele zu erreichen, bleibt die Architekturausbildung den vielen Traditionen der Beaux-Arts-Lehrmethoden aus dem neunzehnten Jahrhundert unkritisch treu.[7] Eine systematische und objektive Beurteilung, ob diese traditionellen Methoden

1 Gardner, Howard. *Abschied vom IQ. Die Rahmentheorie der vielfachen Intelligenzen.* Aus dem Amerikanischen übersetzt von Malte Heim. Klett-Cotta, Stuttgart 1991.

2 Bakhshi, Hasan, Jonathan M. Downing, Michael A. Osborne und Philippe Schneider. *The Future of Skills: Employment in 2030.* London: Pearson and Nesta, 2004, S. 67.

3 Webster, Helena. „The Assessment of Design Project Work (Summative Assessment, Briefing Guide No. 09)." (1. März 2007), https://www.heacademy.ac.uk/knowledge-hub/assessment-design-project-work-summative-assessment-briefing-guide-no-09 (abgerufen am 30. Juli 2019).

4 Mezirow, Jack und Edward W. Taylor. *Transformative Learning in Practice: Insights from Community, Workplace and Higher Education.* San Francisco: Jossey-Bass, 2009.

5 National Architectural Accrediting Board (NAAB) (2014) „2014 Conditions for Accreditation" (18. Juli 2014) https://www.naab.org/wp-content/uploads/01_Final-Approved-2014-NAAB-Conditions-for-Accreditation-2.pdf (abgerufen am 24. Juli 2019), S. 11. [hier übersetzt von CBW]

6 Ebd., S. 16.

7 Dutton, Thomas A. (Hrsg.). *Voices in Architectural Education: Cultural Politics and Pedagogy.* New York: Bergin & Garvey, 1991. McClean, David. „Embedding Learner Independence in Architecture Education: Reconsidering Design Studio Pedagogy." Doktorarbeit (Robert Gordon University, 2009). Doidge, Charles, Rosie Parnell, Rachel Sara und Mark Parsons. *The Crit. An Architecture Student's Handbook: Seriously Useful Guides.* Oxford: Architectural Press, 2006. Stevens, Garry. *The Favored Circle: The Social Foundations of Architectural Distinction.* Cambridge, MA: MIT Press, 1998.

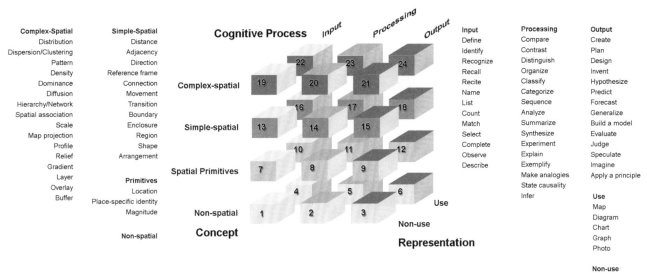

Complex-Spatial	Simple-Spatial
Distribution	Distance
Dispersion/Clustering	Adjacency
Pattern	Direction
Density	Reference frame
Dominance	Connection
Diffusion	Movement
Hierarchy/Network	Transition
Spatial association	Boundary
Scale	Enclosure
Map projection	Region
Profile	Shape
Relief	Arrangement
Gradient	
Layer	**Primitives**
Overlay	Location
Buffer	Place-specific identity
	Magnitude
Non-spatial	

Input	Processing	Output
Define	Compare	Create
Identify	Contrast	Plan
Recognize	Distinguish	Design
Recall	Organize	Invent
Recite	Classify	Hypothesize
Name	Categorize	Predict
List	Sequence	Forecast
Count	Analyze	Generalize
Match	Summarize	Build a model
Select	Synthesize	Evaluate
Complete	Experiment	Judge
Observe	Explain	Speculate
Describe	Exemplify	Imagine
	Make analogies	Apply a principle
	State causality	
	Infer	**Use**
		Map
		Diagram
		Chart
		Graph
		Photo
		Non-use

Cognitive Process — Input, Processing, Output — Complex-spatial (19, 20, 21, 22, 23, 24), Simple-spatial (13, 14, 15, 16, 17, 18), Spatial Primitives (7, 8, 9, 10, 11, 12), Non-spatial (1, 2, 3, 4, 5, 6) — Concept — Representation — Use — Non-use

1 Taxonomie des räumlichen Denkens von Jo und Bednarz, 2009

die räumliche Intelligenz von Studierenden im Verlauf ihrer Ausbildung tatsächlich verbessern, ist schon lange überfällig. Mit diesem Tool könnten einige vergleichende Erhebungen dahingehend vorgenommen werden.[8]

Aus der Entwicklung dieses Tools ging eine umfassende Bewertungsstrategie hervor, mit der sich räumliche Intelligenz direkt durch fachspezifische bildliche Verfahren ermitteln lässt,[9] und zugleich bestätigte sich die reale Nutzung vielfacher Intelligenzen innerhalb der Architektur.[10] Diese Fokussierung auf das Bildliche ist insbesondere für Studierende mit Dyslexie und ähnlichen neurologischen Erkrankungen von Vorteil, die bei der Bewertung ihrer „sprachlich-linguistischen" Fähigkeiten nicht gut abschneiden würden, die aber in den Bereichen Kunst, Architektur und visuelle Kommunikation zu herausragenden Leistungen fähig sind.[11] Fitzwater beleuchtet die „emanzipatorischen" Möglichkeiten, die sich für Studierende erschließen, deren Potenziale noch nicht freigesetzt wurden und die bei normativen und einseitigen Bildungsansätzen vermutlich scheitern würden. Fantasievolle, studierendenzentrierte Lehr-, Lern- und Bewertungsmethoden demokratisieren die Bildungs- und Entwicklungschancen, da sie die Vielfältigkeit akademischer Kompetenzen und individueller Talente würdigen.[12]

Diskussion

Das Erhebungs-, Bewertungs- und Trainingstool von ZHAW und ETH Zürich liefert einen wertvollen Beitrag zu den anhaltenden Debatten über Raumkognition und räumliche Intelligenz. Die Bereitschaft der Probanden zur Mitwirkung wird durch die problembasierte „Gamifizierung" der Bewertung gesteigert und die Bandbreite an Aufgaben innerhalb des Tests deckt eine Vielzahl von Fähigkeiten und akademischen Herausforderungen ab. In einem der nächsten Entwicklungsschritte könnten mit dieser Methode immer höhere Niveaus der räumlichen Intelligenz ermittelt werden, die den Kategorien aus der Taxonomie des räumlichen Denkens von Jo und Bednarz entsprechen.[13] Aber es könnte sich als ethisch problematisch erweisen, dieses Tool zur Ermittlung der Fähigkeiten potenzieller und neuer Architekturstudierenden zu verwenden, weil damit ermittelt wird, ob diese Personen über räumliche Intelligenz und die für ein erfolgreiches Architekturstudium benötigten Fähigkeiten verfügen oder nicht (und folglich, ob sie zum Studium zugelassen werden). Doch dieser negative Aspekt ließe sich möglicherweise ausgleichen, wenn man mit der längsschnittlich angelegten Studie herausfände, dass sich räumliche Intelligenz im Verlauf der Studiendauer erfolgreich fördern ließe.

Demgegenüber wird in dieser Abhandlung argumentiert, dass die bei der Erhebung eingesetzten visuellen Methoden zur Beurteilung des räumlichen Denkvermögens ein emanzipatorisches Bewertungsmodell liefern, indem sie den Ansatz der „vielfachen Intelligenzen" einbinden, von dem untypische Studierende, insbesondere jene mit neurologischen Auffälligkeiten, profitieren könnten, die durch normative Bildungsmodelle eher behindert werden. Ebenso ließe sich argumentieren, dass ein Ansatz unter Zuhilfenahme der „vielfachen Intelligenzen" im Architektur- und Kunststudium gut und gerne noch weitere der von Garner beschriebenen „Intelligenzformen" umfassen könnte, um die Komplexität der Fachrichtung und die Diversität ihrer Ausübungsformen angemessen zu reflektieren.[14]

8   Mostafa, Magda und Hoda Mostafa. „How do Architects Think? Learning Styles and Architectural Education." In *International Journal of Architectural Research* 4, Nr. 2, 310–317, Juli 2010.

9   Rose, Gillian. *Visual Methodologies: An Introduction to Researching with Visual Materials.* London: SAGE, 2016.

10 D'Souza, Newton. „Design Intelligences: a Case for Multiple Intelligences in Architectural Design." In *ArchNet-IJAR: International Journal of Architectural Research* 1, Nr. 2, 15–34, Juli 2007.

11 Fitzwater, Lynda. „Theory and Practice in Art & Design education and Dyslexia: The emancipatory potentials of a neurodiversity framework." In *Humana. Mente Journal of Philosophical Studies* 11, Nr. 33, 121–143, 2018. Holgate, Peter. „Developing an inclusive curriculum of architecture for students with dyslexia." In *Art, Design & Communication in Higher Education* 14, Nr. 1, 87–99, Juli 2015.

12 Dewey, John. *Democracy and Education: An Introduction to the Philosophy of Education.* London: Simon & Brown, 2011. Freire, Paulo. *Pedagogy of the Oppressed.* New York: Continuum, 2000.

13 Jo, Injeong und Sarah Witham Bednarz. „Evaluating Geography Textbook Questions from a Spatial Perspective: Using Concepts of Space, Tools of Representation, and Cognitive Processes to Evaluate Spatiality." In *Journal of Geography* 108, Nr. 1, 4–13, 2009.

14 Clarke, Angela und Peter Cripps. „Fostering Creativity: A Multiple Intelligences Approach to Designing Learning in Undergraduate Fine Art." In *International Journal of Art & Design Education* 31, Nr. 2, 113–126, Juni 2012.

RÄUMLICHE VORSTELLUNG TRAINIEREN?

Detlef Schulz

1 Euklid

Raum im euklidischen Sinne[1] fasziniert – er ist immateriell und gleichzeitig Bestandteil unserer materiellen Welt. Raum will gleichermaßen erdacht und geplant wie erfahren und benutzt werden. Als architektonischer – also nutzbarer – Raum erfüllt er neben dem Essen, Trinken und Atmen ein weiteres Primärbedürfnis der Menschen. Ohne die vom Menschen erstellten und/oder von ihm angeeigneten und nutzbar gemachten natürlichen Räume wären große Teile der Erde schlicht unbewohnbar. Räume können Schutz und Geborgenheit vor dem Unbill einer lebensfeindlichen Umgebung bieten. Trotz ihrer Immaterialität können Räume betreten, durchschritten und in Länge, Breite und Höhe vermessen werden. Sie können wie Knetmasse gepresst, gestreckt, gebogen, getrennt, aneinandergereiht oder übereinander gestapelt werden. Im Gegensatz zur Knetmasse können sie dank ihrer Immaterialität auch überlagert werden – ein räumliches Phänomen, welches Robert Slutzky (1929–2005) und Colin Rowe (1920–1999) in ihrem Aufsatz „Transparenz"[2] umschrieben haben. Obwohl streng genommen gar nicht sichtbar, ist Raum nicht nur quantitativ, sondern auch qualitativ messbar, begehrt und handelbar. Als handelbares Gut ist der Raum ein quantitativ und qualitativ beschreibbares „Ding", welches zwar im körperlichen Sinn nicht greifbar ist, mittels entsprechendem räumlichen Vorstellungsvermögen jedoch geistig fassbar wird. Die Erfassbarkeit und Erkennbarkeit von Raum ist deshalb schwer verständlich, weil der Raum selber streng genommen nicht zu erkennen ist, sondern nur dessen Grenzen, welche als Umhüllung stofflicher Natur sind. Diese stofflichen Begrenzungen des betracht-, beschreit- und nutzbaren Raumes separieren diesen primär von der unmittelbaren Umgebung und verleihen ihm neben seiner spezifischen Größe und Ausgestaltung auch Atmosphäre, indem ihre eigene Erscheinung faktisch auf den (durchsichtigen) Raum projiziert und so zu dessen spezifischer DNA wird. Weil demzufolge der Raum nicht als Objekt in Erscheinung tritt, sondern vom Objekt (der räumlichen Begrenzung) abgeleitet werden muss, ist die Betrachtung von Raum weder banal noch selbstverständlich. Dabei ist es nicht zwingend, dass ein wahrgenommener Raum allseitig umschlossen sein muss, wie dies z.B. der Typus des dreiseitig gefassten „Ehrenhofes" oder derjenige der nur zwischen Boden und Decke aufgespannten „Loggia" zeigen. Adolf Hildebrand (1847–1921)[3] geht dabei in seinen wissenschaftlich-physiologischen Untersuchungen zur Kunstbetrachtung noch weiter, indem er davon ausgeht, dass auch ein auf sich zentriertes Objekt, wie z.B. ein Felsen, ein Baum oder auch ein Gebäude, einen Raum „um sich scharen" kann – den sogenannten Umraum.

Auch wenn der Architekt gemeinhin als Spezialist für Raum gilt, sei daran erinnert, dass die Architektur bei Weitem nicht die einzige Disziplin ist, welche sich mit räumlichen Phänomenen auseinandersetzt. Selbstverständlich setzen sich Kunst, Fotografie, Film, aber auch Musik, Tanz, Theater und damit Literatur und Philosophie und darüber hinaus auch Mathematik, Physik und weitere Naturwissenschaften im weitesten Sinne mit abstrakten Raumbegriffen auseinander.

Die architektonischen Räume unterscheiden sich dabei von denjenigen der anderen Disziplinen vor allem über den Nutzbarkeitsaspekt, welcher das spezifisch Architektonische eines Raumes ausmacht – unabhängig davon, ob es sich um einen Außen- oder Innenraum handelt. Von den in der Natur vorhandenen Außen- und Innenräumen unterscheiden sie sich dabei über den Aspekt der willentlichen künstlichen Herstellung durch den Menschen. Es sind also in erster Linie der Schöpfungsgedanke und in zweiter Linie der Nutzungsgedanke, welche den architektonischen Raum – ob gebaut oder nicht – einerseits von der Natur und anderseits von den übrigen Disziplinen, die sich im weitesten Sinne auch mit Raum auseinandersetzen, unterscheiden. Weder der Gestaltungsgedanke *(Venustas)* noch der Konstruktionsgedanke *(Firmitas)* aus dem Vitruv'schen Dreieck[4] unterscheiden demnach das architektonische Schaffen von demjenigen der anderen Raum definierenden Disziplinen, welche sich durchaus auch mit Dimensionen, Strukturen, Konstruktionen, Proportionen, Rhythmen – mit zentralen gestalterischen Mitteln also – auseinandersetzen, sondern der Nutzungsgedanke *(Utilitas)* oder letztlich der

---

1   „Raum unserer Anschauung", Euklid, aus Elemente Bd. 11, 3. Jh. v. Chr.
2   „Transparenz", Colin Rowe, Robert Slutzky, Bernhard Hoesli (Kommentator), Bd. 4 der Schriftenreihe des gta, Zürich 1968, 74, 89, 97.
3   „Das Problem der Form in der bildenden Kunst", Adolf Hildebrand, Strassburg 1893.

4   Vitruv, Die zehn Bücher über Architektur, 33–22 v. Chr.

menschliche Komfortanspruch, der die Architektur innerhalb der Raum definierenden Sparten in Kunst, Geistes- und Naturwissenschaften einzigartig macht.

Alle oben erwähnten Disziplinen haben eigene spezifische Werkzeuge zur Vermessung und Wiedergabe von Raum entwickelt, um die ihrer Profession zugehörigen, fachspezifischen Attribute des allgemeinen Raumbegriffes adäquat erfassen zu können. In unserer Disziplin sind dies Skizze, Zeichnung, Bild und Volumen- oder Raummodell und zukünftig über die neuen computergestützten Darstellungsmöglichkeiten eventuell auch Film als spezifische Möglichkeit, die Wahrnehmung aus der Bewegung heraus besser kontrollieren zu können. Die erwähnten Instrumente lassen sich dabei vor allem in die beiden Gruppen der planimetrischen und räumlichen Darstellungsarten einteilen. Das planimetrische Abbild – Projektionen der Raum definierenden Elemente auf die horizontale Grundriss- und die vertikale Aufrissebene (Schnitte und Ansichten) – dient dabei über die Maßstabstreue vor allem der Objektivierbarkeit und Vergleichbarkeit, aber auch als Darstellungsmöglichkeit für die handwerkliche Herstellung der für die Errichtung des Bauwerkes notwendigen Teile. Die dreidimensional wirkenden Abbilder von Raum (Bild oder Modell, real oder virtuell) dienen dabei der Wirkungsdarstellung und sind alles andere als objektiv, da schon allein die Wahl des Blickpunktes bzw. Standortes im Bild oder bei der Modellbetrachtung unendlich viele Manipulationsmöglichkeiten erlaubt – ganz abgesehen von den weiteren gestalterischen Manipulationsmöglichkeiten über die Bestimmung von Blickrichtung (horizontal, Frosch- und Vogelperspektive), Betrachtungswinkel (Weit- bis Teleobjektiv) und Beleuchtung (diffuses bis gerichtetes Licht, hell bis dunkel, Hinterleuchtung über Seitenlicht bis Gegenlicht). Unabhängig davon, welche darstellenden Mittel wir einsetzen, um architektonischen Raum zu präsentieren, und damit gemeinsam für all diese Möglichkeiten ist die Tatsache, dass ein räumliches Vorstellungsvermögen der technischen Umsetzung bzw. Herstellung vorausgehen muss. Wenn es sich bei dem darzustellenden Raum um einen schon existierenden (realen) Raum handelt, ist es die „Betrachtungsvorstellung"; wenn es sich um einen vorerst nur entworfenen (virtuellen) Raum handelt, die „Entwurfsvorstellung", welche die Quelle ist, die vom Kopf über die Hand zur Herstellung des gewünschten Abbildes in Zeichnung oder Modell führt. So betrachtet, wird auch klar, dass noch so gut trainierte und eloquente handwerklich-technische Möglichkeiten nicht viel nützen, wenn die räumliche Vorstellung – unabhängig ob von einem realen oder virtuellen Raum – nicht genügend vorhanden ist bzw. gebildet werden kann. Eine Architekturausbildung, welche nicht nur theoretische und praktische Wissensvermittlung im Dienste der schönen Künste bleiben will, sondern die Befähigung zum Berufsarchitekten und damit zum Entwerfen von Räumen als Ziel hat und damit Erfolg haben will, kommt nicht darum herum, sich dieses Problems anzunehmen. Wie bei der Musikausbildung eine minimale musikalische Veranlagung als Selbstverständlichkeit vorausgesetzt wird und diese vor Studienbeginn dementsprechend auch nachgewiesen werden muss, müsste dies sinngemäß bei einem Architekturstudium für ein minimales räumliches Vorstellungsvermögen auch gelten.

2 *Trois Faces,* Fernand Léger, 1926

3 Vitruv (aus „Zehn Bücher über Architektur")

Dass dies leider nicht der Fall ist, lehrt uns die Ausübung unserer Profession täglich sowohl im Büro als auch an der Schule. Interessanterweise sind es nicht – wie man vielleicht annehmen könnte – die von der Matur her kommenden Studienanfänger, die in dem umschriebenen Zusammenhang besonderen Nachholbedarf haben, sondern erstaunlicherweise eher Absolventen der Hochbauzeichnerlehre. Auch wenn diese über das Wissen für das technisch korrekte Darstellen von Räumen im Plan verfügen, ist es leider alles andere als selbstverständlich, dass sie den so umrissenen Raum auch als solchen lesen und verstehen gelernt haben. Gerade die professionelle Berufsausbildung zum (Hochbau-)Zeichner hat sich primär der planimetrischen Darstellung und nicht dem Raumbegriff verschrieben. Auch wenn zeitgenössische CAAD-Zeichnungsmethoden die räumliche Fügung von planimetrisch erzeugten Teilen und deren räumliche Wirkung immer besser darzustellen in der Lage sind, können die hochprofessionellen Computerprogramme zwar das Informationsmanagement und die technische Kontrolle der Fügung der Teile auf beeindruckende Weise unterstützen, nicht aber ein fehlendes räumliches Vorstellungsvermögen des Konstrukteurs oder Architekten ersetzen. Dieses ist nach wie vor unabdingbare Voraussetzung für die Konzipierung der gewünschten Raumformen und -folgen, welche in einem zweiten Schritt zeichnerisch erfasst und über den Plan Schritt für Schritt auf ihre Baubarkeit hin überprüft werden können. Die Erstellung des klassischen Planwerks, welches den Entwurf in eine Vielzahl von zweidimensional darstellbaren Einzelteilen zerlegt, welche einzig und allein über ein gut entwickeltes räumliches Vorstellungsvermögen miteinander verknüpft und gedanklich zu einem gewollten dreidimensionalen Ganzen zusammengesetzt werden können. Die zweidimensionale Zeichnung folgt dem dreidimensionalen Entwurf und ist demnach Abbild des Entwurfsvorganges und nicht dessen Wegbereiter. Mit der Zeichnung kann ein Entwurfsgedanke oder eine räumliche Wirkung überprüft, weiterentwickelt und geschärft, nicht jedoch das unverzichtbare räumliche Vorstellungsvermögen verbessert werden.

Meine jahrelange Lehrerfahrung im dritten Jahreskurs der Architekturausbildung an der ZHAW mit durchschnittlich 80 % ausgebildeter Hochbauzeichner und 20 % Maturanden und Studierenden aus bauverwandten Berufen lässt mich wie oben dargelegt feststellen, dass die Fähigkeit, sich eine komplexe räumliche Gegebenheit „vor dem geistigen Auge" vorstellen zu können, leider nicht als bedingungsloses Grundwissen vorausgesetzt werden kann. Auch wenn im Allgemeinen die angewendete Zeichnungstechnik auf den ersten Blick überzeugend wirkt, offenbart eine genauere Betrachtung der Pläne allzu oft, dass räumliche Übergänge nicht kontrolliert oder zumindest fehlerhaft dargestellt werden. Es ist schwer zu sagen, ob dies einem zu schwachen Fokus in der Zeichnerausbildung auf das Entwickeln eines Verständnisses für räumliche Fragestellungen zu schulden ist oder ob solches eventuell gar nicht erfolgreich zu vermitteln bzw. zu lernen ist. Die einschlägigen Erfahrungen in der Entwurfslehre lassen den Schluss zu, dass vor allem das Grundwissen „räumliches Denken" didaktisch nicht einfach zu vermitteln ist und man annehmen muss, dass ähnlich wie bei der Frage der Musikalität auch hier die Veranlagung ein wesentlicher, wenn nicht ausschlaggebender Teil des Erfolges ist. Auch wenn eine eher schwache Grundbegabung durch gezielte Übungsschritte und/oder berufliche Routine graduell verbessert werden kann, scheint reines Training ohne entsprechende Veranlagung nicht zum Erfolg zu führen. Und trotzdem ist die Idee eines Trainings, wie es dieses Buch ermöglicht, im Sinne eines spielerischen Vertiefens und Verbesserns der eigenen Fähigkeiten sicher nicht ohne Effekt. Dies umso mehr, wenn das Absolvieren der Übungen schon zu Beginn des Studiums erfolgt und dabei erste Rückschlüsse über die eigene Begabung bzw. die eigenen Defizite in der

4 Giovanni Battista Piranesi, „Carceri VII", 1760

Raumwahrnehmung ermöglicht werden. Ich gehe davon aus, dass die mit diesem Buch ermöglichte Selbstwahrnehmung bzw. -einschätzung zum zentralsten Thema des Architekturberufes für die Studierenden von großem Vorteil ist. Gerade zu Beginn des Studiums oder noch besser im Voraus z. B. als Teil des für Maturanden geforderten Vorstudien-Praktikums oder auch der Zeichnerlehre wäre der Einsatz dieses Buches eine große Unterstützung für den Studienbetrieb, da ein hoch entwickeltes räumliches Vorstellungsvermögen Voraussetzung dafür ist, die eigenen Darstellungsmöglichkeiten für räumliche Zusammenhänge technisch und stilistisch zu immer größerer Reife bringen zu können. In diesem Fall scheint mir die ewige Frage nach dem Huhn und dem Ei geklärt: Die Möglichkeit, sich räumliche Zusammenhänge gut vorstellen zu können, geht dem Abbilden vor und nicht umgekehrt. Eine Darstellung kann räumlich noch so gelungen sein – ohne ein Minimum an räumlichem Vorstellungsvermögen kann sie nicht als solche gelesen werden.

Da das räumliche Vorstellungsvermögen zweifelsfrei eine Grundvoraussetzung für Berufe im architektonischen Umfeld darstellt, wäre es von großem Vorteil, wenn die Studierenden sich dieses zu oder noch besser vor Beginn der Ausbildung aneignen könnten, um im Zweifelsfall den eingeschlagenen Weg nochmals rechtzeitig überdenken zu können, bevor schon zwei bis drei Ausbildungsjahre absolviert worden sind.

DRINGLICHKEIT

Dieter Dietz, Lucía Jalón Oyarzun, Julien Lafontaine Carboni und Teresa Cheung

In einer Zeit, in der die Vernunft zu schwinden scheint – und eine fundamentale Zerrüttung des Ökosystems durch außergewöhnliche Klimaereignisse auf bevorstehende Umwälzungen hindeutet – stellt sich die Frage nach den Grundfesten der Gesellschaft und des Lebens insgesamt. Im weitesten Sinne entstammt diese Frage auch der Architektur – einem grundlegenden Wissensschatz, falls es so etwas gib. Unter diesen Umständen müssen wir uns fragen, ob die „Grundlagen", die uns Lehrer, die Geschichte und eigene Erfahrungen über unseren Beruf lehrten, für die aktuelle Situation noch ausreichend sind. In welcher Weise sollen wir uns den unglaublich reichen und übervollen Wissensschatz, den die vielen Kulturen unseres Planeten zusammengetragen haben, zunutze machen? Von welchen Werten müssen wir uns abwenden, welche Werte müssen wir ergänzen, oder auch vollkommen ersetzen, wenn wir aus diesem Reichtum schöpfen und das Heft des Handelns wieder in die Hand nehmen wollen?

Emergenz/Pluralität

In unserer Lehr- und Forschungstätigkeit betonen wir zwei Aspekte, die wir für unerlässlich halten, um die Auswirkungen von Architektur zu überdenken. Erstens ist dies, dass wir uns dem emergenten Wesen der Architektur zuwenden. Dieser Gedanke ist für uns zutiefst politisch, indem wir akzeptieren, dass die Resultate unseres Handelns als Architekten nicht kontrollierbar sind. Architektur ist in ständiger Bewegung; sie gehört nicht zu einer mechanisch konzipierten Welt, die sich in eine Reihe wohldefinierter Probleme aufteilen und durch das Gestalten von Objekten und Formen lösen lässt. Vielmehr ist Architektur immer mit dem Sein verwoben: Ausdruck einer immanenten und nicht enden wollenden Bewegung. Alles Lebendige – wir, die Natur und unsere Gesellschaft – befindet sich in einem unaufhörlichen Zustand des Werdens. Darin ist jeder architektonische Akt Ausdruck eines komplexen kulturellen und technischen Gefüges, aus dem die formalen Dinge, die wir erfinden, um dessen Entfaltung und Diversifizierung zu veranlassen, als Bewegungen und Erweiterungen unserer Körper hervortreten.[1] Folglich befinden sie sich in einem Stadium konstanter Transformation. Architektur ist sowohl Ausdruck als auch Konkretisierung[2] dieses „werdenden" Zustands, und die Art und Weise, wie wir auf Raum einwirken, muss diesen Vorgang erfassen, daraus lernen und davon künden.
Der zweite Aspekt, den wir als essentiell erachten, ist die Berücksichtigung des kollektiven und pluralistischen Wesens der Architektur. Architektur wird nie allein erschaffen – sie entstammt immer einem kollektiven Bemühen. Und sie ist auch ein Gemenge komplexer Vielfältigkeiten, vom kleinsten Haus bis zu den größten Metropolen. Der römische Dichter Lukrez schrieb, dass in einem Zeitmoment viele Momente versteckt präsent seien (in uno tempore, tempora multa latent).[3] Können wir hier von so etwas wie einer „pluralen Räumlichkeit" sprechen, davon ausgehend, dass in einem einzelnen Raum, zahllose Räumlichkeiten in einem ununterbrochenen Werden und Interagieren versteckt sind? Können wir Architektur angesichts dieser pluralen Räumlichkeit als Kommunikationsmittel betrachten, als Bereiter einer gemeinsamen Basis, auf der die zahlreichen Räume miteinander verwoben werden – eine gemeinsame Basis, die als Medium zu begreifen ist, das die relationale Qualität der Realität verdichtet und neu orientiert?[4] Wie Architektursprachen, -werkzeuge und -praktiken dieses kollektive und vielfältige Wesen erfassen und darin agieren, aber auch wie sie im Gegenzug von diesem Wesen definiert und geformt werden, spielt eine fundamentale Rolle für unser Verständnis der Ausbildung von Architekturschaffenden. Unser Wirken exteriorisiert diese Verwobenheit der Dimensionen,[5] während Gesten – und die räumlichen Anordnungen, Erzeugnisse und Bedeutungen, die daraus erwachsen – ein dynamisches kulturelles und technisches Gewand aus Materie, Sprachen, Repertoires und Strategien weben. Dies tun wir gemeinsam, und dieses Tun ist unlöslich mit dem Denken verbunden, ebenso wie der geistige Wille, der unsere Gesten auslöst.[6]

Gerüst/Protostruktur

Welche räumlichen Fähigkeiten können wir weiterentwickeln, um diese emergenten und kollektiven Dimensionen zu bewahren und zu verbessern? Der pädagogische Rahmen ist für uns ein Experimentierfeld, auf dem sich Grundlagenforschung, Entwurfsforschung und Bildung auf gleicher Ebene begegnen. Theoretische Konzepte sickern in das Architekturstudio ein und Praktiken aus dem Studio werfen Fragen und Probleme auf, die durch Grundlagenforschung aufgegriffen oder durch Entwurfsforschung weiterentwickelt werden. Solche Interferenzen zwischen Forschung und Lehre offenbaren sich als einvernehm-

1   Siehe Stiegler, Bernard. *La technique et le temps*, La Philosophie en effet. Paris: Galilée/Cité des sciences et de l'industrie, 1994.
2   Simondon, Gilbert. *L'individuation à la lumière des notions de forme et d'information*. Grenoble: Millon, 2005.
3   Siehe Verse 794–796, Buch IV von Lukretz. *Von der Natur*. Herausgegeben und übersetzt von Hermann Diels. Berlin: Akademie Verlag, 2013.
4   Easterling, Keller. *Medium Design*. Moskau: Strelka Press, 2018.
5   Siehe Stiegler, Bernard. *La technique et le temps*, La Philosophie en effet. Paris: Galilée/Cité des sciences et de l'industrie, 1994.
6   Hiermit beziehen wir uns auf Tim Ingolds Kritik am Hylemorphismus in *Making: anthropology, archaeology, art and architecture*. London/New York: Routledge, 2013.

liches Zusammenspiel in den konzeptuellen und konstruktiven Modellstützen und „Protostrukturen" – ein Begriff, der in unserem Studio geprägt wurde und verwendet wird. Daraus folgte die Entwicklung und Integration des *scaffolding*-Konzepts, welches wiederum die Arbeit im Studio beeinflusst.[7]

In seinem Artikel „Minds: Extended or Scaffolded" schreibt Kim Sterelny, dass „die kognitiven Fähigkeiten des Menschen von den Ressourcen seiner Umgebung abhängen und geformt werden. Häufig werden diese Ressourcen genau deswegen bewahrt, erbaut oder verändert, weil sie die kognitiven Fähigkeiten verbessern. Die Hypothese des erweiterten Geistes besagt, dass die kognitiven Systeme von Menschen auch externe Komponenten umfassen."[8] Dementsprechend setzt die „Scaffolding"-Theorie die Hypothese, dass kognitive Prozesse durch Umgebungsressourcen beeinflusst werden. Nach dieser Logik würden räumliches Denken und Vorstellungsvermögen, sofern sie nicht von Tools, Instrumenten und der Umwelt unterstützt werden, eine unerträgliche kognitive Belastung bedeuten. Außerdem gelten diese externen Ressourcen als mögliche Triebfedern für Prozesse wie die Vorstellungskraft, die der Umgebung und Natur eine aktivere, eifrigere und innovativere Rolle zuschreiben, als der Begriff „Ressource" zu vermitteln vermag. Dieser Input aus den Kognitionswissenschaften ermutigt uns darin, das Studio, das Programm und die menschliche Organisation unserer Lehrtätigkeiten als Ressource zu verstehen – als kognitive Stützen.[9]

Protostruktur bezeichnet so ein Set aus lebenden und nicht lebenden Kräften, die die Erweiterung oder Unterstützung der eigenen kognitiven Fähigkeiten ermöglichen, indem sie zusätzliche und emergente Ressourcen anzapfen. Die Bedeutung der Sorgfalt (*care*) wird in diesem Zusammenhang betont: je zuverlässiger und vertrauenswürdiger eine Ressource ist, umso stärker wird sie die materielle Kontinuität, die Resilienz der Prozesse und das Potenzial der Dinge, mit denen die kognitiven Prozesse ausgebaut werden, verbessern. Dementsprechend strebt der *protostrukturelle* Ansatz danach, das Vertrauen[10]

jedes Einzelnen in seine oder ihre eigenen und/oder die gemeinsamen Ressourcen zu stärken, ermutigt aber auch zur persönlichen Weiterentwicklung und Individualisierung. Die Umgebung des Studios, seine Zeitlichkeiten und ganz allgemein der Raum selbst gelten als Wegbereiter, da sie in diesem Prozess eine „Handlungsfähigkeit" als Akteure besitzen; Zeit und Raum werden dann zu einem Emergenzfeld, in dem jeder einzelne kognitive Prozess auf unzählige Arten unterstützt werden kann. Als leichte Holzrahmen ausgebildete *Protostrukturen* können dann zum Beispiel als Katalysatoren im kollektiven Entscheidungs- und Entwurfsprozess zwischen den Einzelpersonen fungieren. Wenn eine *Protostruktur* als solche zu einer physischen kognitiven Stütze für die gemeinsame Konzeption wird, befindet sie sich in einem *Proto-Zustand* und ist so bereit, jede Art der Abänderung an sich vornehmen zu lassen.[11]

Indem wir räumliches Vorstellungsvermögen anhand der *Protostruktur* betrachten, erkennen wir räumliches Denken als eine Fähigkeit an, die es schafft, Materie in ständiger Bewegung zu begreifen, sie in dieser Bewegung zu verfolgen und mit ihr zu agieren. Räumliches Vorstellungsvermögen ist dann gleichbedeutend mit Handlungsfähigkeit; und Architektur zu erschaffen, ermöglicht es, eine Beziehung mit der Welt aufzubauen, in der die Welt unser Handeln und unsere kognitiven Prozesse unterstützt – ein Imaginationsprozess mit und über die Welt.

Raum/Vorstellungskraft

Jede Handlung hat eine räumliche Wirkung, von der kleinen Geste bis hin zu tiefen Eingriffen. Sie alle setzen ein neues Beziehungsgeflecht in Gang. All diese räumlichen Modi, Störungen und Reorganisationen fordern unsere Vorstellungskraft heraus. Doch auch wenn die Vorstellungskraft durch die Außenwelt getragen wird, bleibt sie zutiefst verkörpert. Die *Vorstellungen*, die sie hervorruft, sind immer in unseren Körpern verankert und können nicht übernommen, übertragen oder durch äußere Objekte ersetzt werden. Dementsprechend gilt es, beides zu beachten, und die Verknüpfung zu unserer Vorstellungskraft muss im Zentrum unserer Untersuchungen stehen.

Eine der Hauptstrategien, mit der sich dieses Anliegen verfolgen lässt, ist die Förderung des Zeichnens, da seine Gesten und Linien sowohl Trigger als auch Mittel der Vorstellungskraft sind. Zeichnerisch lassen sich Gedanken auf unendlich reiche und vielfältige Weise ausdrücken. Im Architekturstudio fördern wir das Zeichnen, da es die Möglichkeit bietet, die Vorstellungskraft in Richtung Aktion und kritischer Konzeption zu lenken – hin zu einer verkörperten Immersion statt zu passivem Konsum.[12] Studienanfänger erleben diese Katalysatorolle des Zeichnens hautnah. Die Verknüpfungen zwischen Vorstellung und Materialität werden ausgeweitet, verräumlicht und in Bauelemente verwandelt, erschaffen von denselben Händen, die sie auch zeichneten, und zusammengesetzt zu

---

7 Siehe Clark, Andy und David Chalmers. „The Extended Mind." In *Analysis* 58, Nr. 1, 7–19, Januar 1998. Clark, Andy. *Supersizing the Mind: Embodiment, Action, and Cognitive Extension.* Oxford: Oxford University Press USA, 2008. Für eine theoretische Untersuchung der architektonischen Konsequenzen dieses Konzepts für die moderne Stadt siehe insbesondere Negueruela del Castillo, Darío. „The City of Extended Emotions." unveröffentlichte Dissertation, EPFL, 2017.

8 Der Begriff des Vertrauens bezogen auf das Scaffolding wurde in folgender Abhandlung eingeführt: Sterelny, Kim. „Minds: Extended or Scaffolded?" In *Phenomenology and the Cognitive Sciences* 9, Nr. 4, 465–481, Dezember 2010. Wir analysierten diesen Aspekt auch in Bezug auf die Protostruktur HOUSE 1 in dem in Kürze erscheinenden Artikel von Negueruela Del Castillo, Dario et al. „Transformational Identities, Learning Scaffolding and Spatial Knowledge in Architectural Education. The Case of First Year Design Studio Teaching at EPFL." In *Charrette, Journal of Architectural Educators* 6, Nr. 1, 2019. [hier übersetzt von CBW]

9 Vygotsky, Lev S. *Mind in Society: The Development of Higher Psychological Processes.* Cambridge, MA: Harvard University Press, 1980. Vygotsky, Lev S. *The Collected Works of L. S. Vygotsky: Problems of the Theory and History of Psychology.* Berlin: Springer Science & Business Media, 1997.

10 Der Begriff des Vertrauens bezogen auf das Scaffolding wurde in folgender Abhandlung eingeführt: Sterelny, Kim. „Minds: Extended or Scaffolded?" In *Phenomenology and the Cognitive Sciences* 9, Nr. 4, 465–481, Dezember 2010. Wir analysierten diesen Aspekt auch in Bezug auf die Protostruktur HOUSE 1 in dem in Kürze erscheinenden Artikel von Negueruela Del Castillo, Dario et al. „Transformational Identities, Learning Scaffolding and Spatial Knowledge in Architectural Education. The Case of First Year Design Studio Teaching at EPFL." In *Charrette, Journal of Architectural Educators* 6, Nr. 1, 2019.

11 Siehe Mignon, Agathe Claire Estelle. „Protostructure, Archéologie et Hypothèse d'une Architecture-Support." (unveröffentlichte Dissertation, EPFL, 2019).

12 Siehe Kapitel „Drawing for Real." In Dietz, Dieter, Matthias Michel und Daniel Zamarbide (Hrsg.), *All about Space (Vol. 3): Beyond the Object.* Zürich: Park Books, 2018.

1 ALICE-EPFL, *House 1,* Lausanne, 2016

2 ALICE-EPFL, *House 2,* Zürich, 2017

einem kollektiven Werk. Diese pluralistische und emergente Dimension des finalen Werks ist essenziell. Wir möchten die Mitwirkung des Architekten in realen Situationen fördern: Orte und soziale Gegebenheiten erschaffen, die auf einem neuen Gesellschaftsvertrag und auf der Architektur als mitwirkendem Element beruhen.[13] Wir versuchen, architektonische Gesten, Praktiken und Handlungen zu fördern, die die Grenzen der Makroebenen, die der heutigen Praxis auferlegt sind, infrage zu stellen. Wir glauben, dass *grass-root*-Aktion Hand in Hand gehen muss mit der Umformulierung von Ontologien, sowohl in kleinen lokalen Welten als auch im *jardin planétaire*, um es mit Gilles Clément auszudrücken.[14]

Kürzlich haben wir die Serie *HOUSES*[15] ins Leben gerufen, um das Potenzial des kollektiven Handelns auszutesten. Ist es möglich, ein einzelnes Projekt von 250 Menschen erdenken, planen und bauen zu lassen, an dem jeder zugleich als Autor, Co-Autor, Erbauer und Schöpfer mitwirkt? Hierzu machen wir uns die emergente Natur der architektonischen Praxis zunutze und arbeiten aus der Position der Immersion.: mittendrin in der Herstellung und, wörtlich, im Erbauen von Architektur, die wir erdacht und entworfen haben. Wir definieren Immersion als das In-einem-Raum-sein, als phänomenologische Architektur. Wir verstärken das *Innen-sein* als kollektives Phänomen, indem wir in großen Gruppen außerhalb der geschützten akademischen Umgebung arbeiten und lebensgroße Projekte auf öffentlichen, für alle zugänglichen Plätzen errichten. Jedes der *HOUSES*, die wir seit 2016 gemeinsam gebaut haben, ist ein Forum; um diese unterschiedlichen Gedanken, Gesten und von vielen Menschen gebauten Räume entstehen zu lassen – als Unterstützung all dieser Kommunikationsformen –, verwendeten wir das zuvor erläuterte Konzept der *Protostruktur*.[16]

Landschaft als Gerüst

Doch die Frage, wie wir diese Architekturen verorten bleibt bestehen. In einer ersten Iteration unseres neuen Programms *Becoming Léman* wurde das Konzept der *Protostruktur* zergliedert und über zahlreiche Standorte in einem größeren Gebiet verstreut. Um gegen die Reduzierung von Architektur auf das Bauen angehen, müssen wir unsere Studierenden unterstützen, das architektonische Potenzial von Materialitäten zu erkennen und zu bearbeiten[17] und wie sich Architektur auf das Gelände selbst und darüber hinaus beziehen lässt: Wie man Ideen und räumliche Konstrukte verorten kann – nicht nur innerhalb der Gesellschaft, sondern auch bezogen auf unsere Umgebung in ihren vielfältigen Formen; nicht nur als Ort oder Ressource, sondern als wirkende Kraft, die stark in unser räumliches Handeln eingebunden ist.

Unter Beachtung der Landschaft als Gerüst untersuchen wir diese Möglichkeiten, indem wir die Beziehungen zwischen Architektur und dem *jardin planétaire* ausloten.[18] Auf dieser gemeinsamen Basis einer materiellen Einbeziehung unseres Planeten hoffen wir, die Architektur selbst und im gleichen Zuge ihre Beziehung zur Umgebung weiterzuentwickeln. Zu diesem Zwecke verfeinern, testen und erforschen wir das Potenzial der *Protofigur* und *Protofiguration*, um diese als Mittel, Konzepte und Tools zu verwenden, mit denen wir Lebensraum- und Kulturvorstellungen unseres Daseins auf dieser Welt in

13 Siehe Industrialis, Ars. Économie de la contribution (n.d.) http://arsindustrialis.org/vocabulaire-economie-de-la-contribution (abgerufen am 19. November 2019).

14 Clément, Gilles. *Le jardin planétaire.* Paris: Parc de la Villette/Albin Michel, 1999.

15 Siehe Dietz, Dieter, Matthias Michel und Daniel Zamarbide (Hrsg.). *All about Space (Vol. 2): House 1 Catalogue.* Zürich: Park Books, 2018.

16 Wir entwickelten diese Auffassung von Raum und Protostrukturen als Kata-

lysator unserer Vorstellungskraft in Dietz, Dieter et al. „HOUSE 1 Protostructure: Enhancement of Spatial Imagination and Craftsmanship Between the Digital and the Analogical." In *Digital Wood Design (Vol. 24),* herausgegeben von Fabio Bianconi und Marco Filippucci, 1229–1252. Cham: Springer International Publishing, 2019.

17 Seit längerem haben mehrere Autoren diese Notwendigkeit avanciert. Unlängst entwickelte Keller Easterling den klarsten und deutlichsten Ansatz zu dieser Fragestellung mit ihrer Auffassung zur aktiven Form in *The Action Is the Form: Victor Hugo's TED Talk* (Moskau: Strelka Press, 2012): „Der Planer aktiver Formen entwirft nicht das gesamte Feld, sondern nur das Delta bzw. den Mittelwert, um den sich das Feld verändert – nicht nur die Form oder Kontur der Spielsteins, sondern auch das Repertoire seiner Spielzüge." [hier übersetzt von CBW]

18 Clément, Gilles. *Le jardin planétaire.* Paris: Parc de la Villette/Albin Michel, 1999.

4 ALICE, *Houses,* Evian, 2019

3 ALICE, *House 3,* Kanal – Centre Pompidou, Brüssel, 2018

das Gelände eingravieren.[19] Wir hoffen und glauben, dass ein solcher architektonischer Ansatz einen Wertewandel hervorrufen kann – nicht nur innerhalb unserer Disziplin, sondern in einem viel breiteren sozialen und kulturellen Kontext.

Angesichts der *Dringlichkeit* mahnen wir an, uns zuerst anderen Werten als Effizienz, Profit oder dem althergebrachten Wissen über Baustile und Architektursprachen zuzuwenden. Durch das Zusammenspiel mit vielen Beteiligten und kontinuierliche Absprachen können sich Gelände, Pflanzen, Strukturen, Rhythmen, Details, Materialien aus sich selbst heraus in neue Formen verwandeln. Ziel ist, eine gemeinsame räumliche Basis zu finden, ohne sich durch Grundstücksgrenzen, Demarkationslinien und sowohl politische als auch architektonische Darstellungsformen einengen zu lassen, denn diese sind Ausdruck einer immanenten selbsterzeugten Realität. Was wäre, wenn wir diese Gemeingüter als parallele Strukturen auffassen würde, die wir überspannen, schneiden oder durchqueren können; als Felder voller Möglichkeiten, aus denen neue kollektive Ideen erwachsen, die durch offenes, intrinsisch koordiniertes Handeln zum materiellen Leben erweckt werden?[20] Vielleicht

müssen wir ganz von vorn mit einer leeren Leinwand und neuen Werkzeugen anfangen, um Architektur, wie sie ist, zu verlernen und wieder neu zu erlernen. Werte werden sich verlagern und wandeln und vielleicht völlig verändern: Projekte und die entstehenden Räume werden zum materiellen Ausdruck liminaler Phasen, und Potenziale werden durch materielle und zeitliche Prozesse artikuliert. Und so kommen wir zurück zum Anfang, zurück zum Sinn der *Dringlichkeit*, der uns dazu drängt, diese Potenziale zu bergen – im vollen Bewusstsein unserer Unfähigkeit, sie zu beherrschen, und mit dem Wissen, dass unsere Welt (und unsere Erkenntnisse) nur dann überleben kann, wenn sie verkörpert wird, auf politischer, ethischer, ökologischer und ökonomischer Ebene, jenseits der Werte des Kapitalismus.

Architektur ist von Natur aus politisch. Nicht weil sie ein bestimmtes ideologisches Programm umsetzt, sondern weil diese beiden Gebiete auf derselben ontologischen Basis gründen. Dasselbe Potenzial unserer körperlichen Existenz, das unser Zusammenleben in einer politischen Gemeinschaft ausmacht, ermöglicht es auch, uns zu verorten und komplexe Formen der Räumlichkeit zu erschaffen.[21] Durch unser Agieren im Raum werden Materie, Orte und Nutzungen, aber auch Gemeinschaften, Kulturen, Ökologie, Vorstellungen und Werte neu konfiguriert: kurz, das Leben in all seinen Formen.[22] Unser Bestreben, auf Raum einzuwirken, muss dementsprechend als kollektive Verantwortung wahrgenommen werden, indem wir vor allem die Werte aufrufen, die es bei den fraglichen Maßnahmen vollumfänglich zu beachten gilt. Wir müssen uns auf deren ureigenste Art und deren Verknüpfung mit diesen emergenten Phänomenen zurückbesinnen. Denn wer oder was bestimmt über das Leben und über uns? Welche Werte sind wirklich von Bedeutung?

19 *Protofigurationen* sind sowohl Analyseinstrument als auch Designwerkzeug. Sie bezeichnen zwei Vorgänge: den einen während einer Ansiedlung oder Ortsgründung, wobei die psychosozialen und/oder materiellen neuen Geografien abgesteckt werden, und den anderen, der aus der Umdeutung einer räumlichen Ordnung in psychosoziale Gesellschaften anhand verkörperter Praktiken besteht. Siehe Lafontaine, Julien. „*Protofiguration*, opérations d'installation." In *L'archaïque et ses possibles aujourd'hui* (Paris: GERPHAU/Metis Presse 2020).

20 Siehe Bühlmann, Vera. „Architectonic disposition: ichnography, scaenography, orthography." In *Posthuman Glossary*, herausgegeben von Rosi Braidotti und Maria Hlavajova. London: Bloomsbury, 2018.; sowie die Idee des „Parallelismus der Struktur", in dem ein neues Potenzial zwischen den Dingen entsteht, statt nur innerhalb.

21 Siehe Jalón Oyarzun, Lucía. Excepción y cuerpo rebelde: lo político como generador de una arquitectónica menor / „Exception and the rebel body: the political as generator of a minor architecture." unveröffentlichte Doktorarbeit, Escuela Técnica Superior de Arquitectura de Madrid (UPM), 2017.

22 Siehe Bennett, Jane. *Vibrant matter: a political ecology of things.* Durham: Duke University Press, 2010.

MESSEN DES RÄUMLICHEN VORSTELLUNGS- VERMÖGENS

WIE LÄSST SICH RÄUMLICHES VORSTELLUNGS-VERMÖGEN VON ARCHITEKTURSCHAFFENDEN TESTEN?

Andri Gerber und Michal Berkowitz

„Mehr als die Träger irgendeines anderen Berufs sind wir Architekten an die richtige Erkenntnis unserer Mitmenschen gebunden, denn sie haben es in der Hand, unser Streben zum Grünen oder zum Dorren zu bringen. Deshalb darf es uns nicht verdrießen, sie immer wieder in die Werkstatt unseres Wollens einzuladen."
Fritz Schumacher, 1916[1]

Willkommen in der „Werkstadt unseres Wollens"

Wie dem Zitat von Fritz Schumacher zu entnehmen, sollten wir Architekten die Nichtarchitekten so oft wie möglich in die „Werkstatt unseres Wollens" einladen – eine wunderschöne Metapher, die das Erschaffen und Erdenken mit einem leichten Hauch des Handwerklichen umweht. Nach Schumachers Auffassung sind wir dazu verpflichtet, den Nichtarchitekten zu erklären, warum wir tun, was wir tun, wie wir es tun und warum wir es für wichtig halten, damit sie uns ihre Unterstützung zuteilwerden lassen. Wir sollten also unablässig das Unerklärliche erklären, immer wieder aufs Neue.

Um dies tun zu können – oder um der Vermittlung der nahezu unbeschreiblichen Bedeutung von Raum und dessen Entwurf zumindest etwas näher zu kommen –, müssen wir unbedingt die Mittel und Methoden offenlegen, mit denen wir auf ein bestimmtes Ergebnis hinarbeiten. Ziel des in diesem Buch beschriebenen Forschungsprojekts war es, einige Elemente des räumlichen Denkvermögens von Architekten zu untersuchen. Es bietet somit eine Möglichkeit, diesen Fragen nachzugehen. Die etwas ausgelaugte Metapher der „Werkstatt" berührt einen bekannten Aspekt des Architekturberufs, und zwar die Frustration, die Architekten erleben, wenn ihnen die Worte fehlen, um einem Kunden oder Familienmitglied zu erklären, warum ihnen etwas wichtig ist oder warum sie einigen Gebäuden bestimmte architektonische Qualitäten bescheinigen und anderen nicht und so weiter. Sie drückt auch die Frustration der Architekturstudierenden aus, wenn sie den Assistenten und Professoren ihre Intentionen erläutern möchten, nur um dann zu realisieren, dass die Menschen etwas völlig anderes in dem Projekt erkennen. Wir Architekten sollten deshalb nicht nur die Nichtarchitekten, sondern auch Berufskollegen in unsere „Werkstatt des Wollens" einladen, wenn wir glauben, etwas verstanden zu haben, das noch nicht zum Allgemeinwissen zählt, so wie die Inhalte dieses Buchs. Wenn auch die Auffassung, dass räumliches Vorstellungsvermögen für Architekten und Architekturstudierende unerlässlich ist, als Allgemeinwissen

betrachtet wird, liefert das vorliegende Buch den empirischen Nachweis für diese Behauptung und beleuchtet einige Aspekte, die noch darüber hinausgehen (und in diese Richtung besteht auch noch viel Forschungsbedarf!).

Angesichts der zahlreichen Versuche und Fehlschläge, die Architektur mit den empirischen Naturwissenschaften zu verknüpfen – von denen einige recht erfolgreich waren – bestand der Hauptanlass für das hierin vorgestellte Projekt darin, bezüglich des Raumbegriffs eine Brücke zwischen der Architektur und den Kognitionswissenschaften zu schlagen. Es sollte nicht nur bei theoretischen Spekulationen bleiben, sondern auch praktische Anwendungsfälle in Lehre und Entwurfsprozess umfassen.[2] Das zweite Argument für das Projekt bestand darin, eine Möglichkeit zu finden, diese *dreidimensionale Vorstellung* bzw. den *Raumsinn* bewerten und messen zu können. Aus den vielen möglichen empirischen Varianten, haben wir uns für den psychometrischen Ansatz entschieden. Dabei verwendeten wir einerseits bereits vorhandene Testverfahren, entwickelten aber auch neue psychometrische Tests. Die Psychometrie – wörtlich übersetzt, die Messung der *Psyche*, die sich in Wissen, Begabungen, Fähigkeiten usw. darstellt – ist ein Teilgebiet der Psychologie, das zurückgeht auf das frühe Studium individueller Unterschiede (z.B. Galton, Spearman, Thurstone) sowie auf die experimentelle Psychologie mit Untersuchungen wie jene von Gustav Theodor Fechner zum Goldenen Schnitt.[3]

Die Verwendung und Entwicklung psychometrischer Tests zur Bewertung kognitiver Fähigkeiten, einschließlich des räumlichen Vorstellungsvermögens, das als wichtiger Indikator für den Erfolg in MINT-Fächern identifiziert wurde, hat eine lange Tradition.[4] Ein Beispiel, auf das immer wieder verwiesen wird, wenn es um die Bedeutung des räumlichen Vorstellungsvermögens in der Wissenschaft geht, ist die Entdeckung von Francis Crick (1916–2004) und James Watson (*1928), dass die DNS wie eine Doppelhelix aufgebaut ist. Anhand der Aufnahmen von Rosalind

---

1 Schumacher, Fritz. *Grundlagen der Baukunst. Studien zum Beruf des Architekten.* München: Verlag von Georg D. W. Callwey, 1916, S. 10.

2 Die Brückenmetapher scheint angemessen: Wie eine Brücke verbindet die Architektur diese gegensätzlichen Ufer – Kunst, Naturwissenschaften, aber auch Gesellschaft, Kultur, Politik, Technik und Handwerk – und macht den Raum zwischen ihnen erlebbar (der ohne Brücke nicht zugänglich wäre). Aber wir können diesen Zwischenraum auf der Brücke nur durchschreiten; wir können nicht in ihm verweilen – mit einigen offensichtlichen Ausnahmen. Dieser Raum kann durchquert, aber nicht wirklich erfasst werden. Und nur die Architektur ist durch Bauprojekte in der Lage, erlebbare Räume zu konstruieren.

3 Gerber, Andri, Tibor Joanelly und Oya Atalay Franck. *Proportions and Cognition in Architecture and Urban Design.* Berlin: Reimer Verlag, 2019.

4 Newcombe, Nora S. „Picture this. Increasing Math and Science Learning by Improving Spatial Thinking." In *American Educator*, 29–34, 2010. Uttal, David H., Nathaniel G. Meadow, Elizabeth Tipton, Linda L. Hand, Alison R. Alden, Christopher Warren und Nora S. Newcombe. „The Malleability of Spatial Skills: A Meta-Analysis of Training Studies." In *Psychological Bulletin*, 352–402, 4. Juni 2012. Berkowitz, Michal und Elsbeth Stern. „Which Cognitive Abilities Make the Difference? Predicting Academic Achievements in Advanced STEM Studies." In *Journal of Intelligence* 6, Nr. 4, 48, 2018.

Franklin (1920–1958) und Maurice Wilkins (1916–2004) wird klar, dass es einen enormen Raumsinn erforderte, um sich diese Struktur im dreidimensionalen Raum vorzustellen. Dementsprechend wird und wurde in den MINT-Fächern viel über das räumliche Vorstellungsvermögen geforscht und geschrieben, aber leider nicht für die Architektur, und zwar hauptsächlich wegen der oben erwähnten Schwierigkeiten.[5] Die Forschung zielte nicht nur darauf ab, Korrelationen zwischen der räumlichen Vorstellungskraft und dem Erfolg in MINT-Fächern aufzudecken, sondern deutete auch auf einen anderen sehr wichtigen Aspekt hin: Räumliches Vorstellungsvermögen ist formbar und lässt sich verbessern.[6] Dies impliziert, dass der Raumsinn nicht vorherbestimmt und unveränderlich ist, sondern durch spezielles Training ausgebaut werden kann.

Räumliches Vorstellungsvermögen ist in sehr vielen Situationen vonnöten. Nora Newcombe schreibt dazu: „Räumliches Denken bezieht sich auf die Lage von Objekten, ihre Formen, ihre Beziehungen zueinander und die Wege, auf denen sie sich bewegen. Wir alle denken in vielen Alltagssituationen räumlich: wenn wir planen, die Möbel in einem Zimmer umzustellen, wenn wir anhand einer Aufbauanleitung ein Bücherregal zusammenbauen oder wenn wir den Stadtplan mit der vor uns liegenden Straße abgleichen. Auch beim Beschreiben nicht räumlicher Situationen nutzen wir räumliches Denken, beispielsweise wenn wir davon reden, einem Ziel näherzukommen, oder jemanden als Insider bezeichnen."[7] Räumliche Fähigkeiten werden in unterschiedliche Kategorien unterteilt, allerdings wurden noch keine klaren Festlegungen bezüglich einer exakten Klassifizierung getroffen, und es scheint einige Überlappungen zu geben. Williams, Sutton und Allen stützen sich beispielsweise auf eine von P. H. Maier (1994) vorgenommene Unterscheidung des räumlichen Vorstellungsvermögens anhand von fünf Faktoren: räumliche Beziehung (Spatial Relation, SR), räumliche Wahrnehmung (Spatial Perception, SP), räumliche Visualisierung (Spatial Visualization, SV), mentale Rotation (Mental Rotation, MR) und räumliche Orientierung (Spatial Orientation, SO).[8] Andere auf dem psychometrischen Ansatz basierende Klassifizierungen haben ähnliche Größen identifiziert, die geringfügig abweichen.[9] Neuere Taxonomien wurden von Resnick und Shipley eingeführt, die zwischen star-

ren und nicht starren Transformationen unterscheiden,[10] sowie von Uttal und dessen Mitarbeitern, die vier Kategorien empfehlen, die aus der Kreuztabellierung von intrinsisch-extrinsisch und dynamisch-statisch hervorgehen.[11] Unser Projekt wurde von Thomas Shipley und Kollegen beeinflusst, die Aufgaben des räumlichen Vorstellungsvermögens für Geologiestudierende entwickelten, um deren speziellen Raumsinn zu ermitteln.[12] Das Forschungsprojekt dauerte drei Jahre von 2016 bis 2019 und war dreistufig aufgebaut. Auf der ersten Stufe wurde anhand bestehender Raumvorstellungstests eine Ausgangsbasis ermittelt. In der zweiten Stufe wurde ein neuer Test ausgearbeitet, der speziell auf das räumliche Vorstellungsvermögen von Architekten zugeschnitten ist. Und im dritten Schritt ging es darum, diesen neuen Test zu optimieren und nachzuverfolgen, ob sich die Leistung der Studierenden möglicherweise geändert hat, nachdem sie durch ihre Architekturausbildung mehr Erfahrung gewonnen hatten. Die Tests wurden mit Architekturstudierenden mehrerer Schweizer Architekturhochschulen und mit einigen Studierenden der britischen Northumbria University und der Technischen Universität Israels Technion durchgeführt. Allerdings war es sehr schwer, die Studierenden überhaupt zur Teilnahme zu bewegen, da sie es nicht gewohnt sind, bei Experimenten mitzumachen, und weil ihr Studium ohnehin sehr zeitintensiv ist. Folglich standen wir vor dem Problem, dass relativ wenig Interesse seitens der Studierenden bestand, und wir mussten sie irgendwie dazu motivieren. In der ersten Runde führten wir die folgenden bekannten Tests durch: den Mental Rotation Test (MRT) (Peters, Laeng, Latham, Jackson, Zaiyouna und Richardson, 1995), den Purdue Spatial Visualizations Test: Rotations (PSVT:R) (Guay, 1977), den Paper Folding Test (Eckstrom, French, Harman und Derman, 1976), den Mental Cutting Test (MCT) (CEEB, 1939) und den Spatial Orientation Test (SOT) (Kozhevnikov und Hegarty, 2001). Zwei Aufgabengruppen – Figurenmatrizen und Zahlenfolgen aus einem Intelligenz-Struktur-Test (I-S-T) 2000 R – waren zur allgemeinen Fähigkeitsmessung ebenfalls inkludiert. Wir führten diese Tests mit 186 Studierenden der Architektur aus fünf Schweizer Hochschulen (ZHAW, ETHZ, EPFL, HSLU und FHNW) durch. Die meisten räumlichen Testverfahren schienen für unsere Probanden zu einfach zu sein, denn sie erzielten einen Deckeneffekt. Der MRT und der MCT waren die beiden Tests, die eine ausreichende Variabilität zeigten. Dabei schien der MCT für Architekten am relevantesten zu sein, da Studierende auf Masterniveau besser abschnitten als jene auf Bachelorebene. Beim MRT war dies allerdings nicht der Fall. Aufgrund der Tatsache, dass die Erstellung von Querschnitten ein zentraler Bestandteil von Architekturentwurf und -ausbildung ist, überraschte dieses Ergebnis nicht. Es lieferte vielmehr Anhaltspunkte dazu, in welche Richtung wir unsere neuen Tests anlegen sollten.

5   Ji Cho, Young. „Spatial ability, creativity, and studio performance in architectural design." In T. Fischer, K. De Biswas, J. J. Ham, R. Naka, W. X. Huang, *Beyond Codes and Pixels: Proceedings of the 17th International Conference on Computer-Aided Architectural Design Research in Asia*. Association for Computer-Aided Architectural Design Research in Asia (CAADRIA), Hongkong, 131–140, 2012. Sutton, K. und A. Williams. „Implications of Spatial Abilities on Design Thinking." In *Conference Proceedings. Design & Complexity: Design Research Society International Conference*, Montreal, 131–140, 2012.

6   Newcombe, Nora S. „Picture this. Increasing Math and Science Learning by Improving Spatial Thinking." In *American Educator*, 29–34, Sommer 2010. Uttal, David, Nathaniel G. Meadow, Elizabeth Tipton, Lind L. Hand, Alison R. Alden und Christopher Warren. „The Malleability of Spatial Skills: A Meta-Analysis of Training Studies." In *Psychological Bulletin* 139, Nr. 2, 352–402, 2013.

7   Newcombe, Nora S. „Picture this" (2010), S. 31. [hier übersetzt von CBW]

8   Williams, A., K. Sutton und R. Allen. „Spatial Ability: Issues associated with engineering and gender." In *19th Annual Conference of the Australasian Association for Engineering Education: To Industry and Beyond; Proceedings of the Institution of Engineers*, Australien, 228, 2008. Maier, P. H. *Räumliches Vorstellungsvermögen: Komponenten, geschlechtsspezifische Differenzen, Relevanz, Entwicklung und Realisierung in der Realschule*. Berlin: Peter Lang, 1994.

9   Carroll, John B. *Human Cognitive Abilities: A survey of factor-analytic studies*. Oxford: Cambridge University Press, 1993.

10   Resnick, Ilyse und Thomas F. Shipley. „Breaking new ground in the mind: an initial study of mental brittle transformation and mental rigid rotation in science experts." In *Cognitive processing* 14, Nr. 2, 143–152, 2013.

11   Uttal, David H., David I. Miller und Nora S. Newcombe. „Exploring and enhancing spatial thinking: Links to achievement in science, technology, engineering, and mathematics?" In *Current Directions in Psychological Science* 22, Nr. 5, 367–373, 2013.

12   Shipley, Thomas F., Basil Tikoff, Carol Ormand und Cathy Manduca. „Structural Geology Practice and Learning, from the Perspective of Cognitive Science." In *Journal of Structural Geology* 54, 72–84, September 2013.

1 Peters, Laeng, Latham, Jackson, Zaiyouna und Richardson, *Mental Rotation Test,* 1995

In der zweiten Phase testeten wir nur Studierende aus drei Architekturhochschulen (ZHAW, ETH und EPFL). In dieser Phase führten wir zwei bekannte Raumvorstellungstests durch (Mental Rotation Test und Mental Cutting Test), einen allgemeinen Test des logischen Denkens (Figurenmatrizen) und drei neu entwickelte Tests: Urban Layout Test, Indoor Perspective Test und Packing Test. Wir hatten noch ein weiteres Testverfahren, den Mental Construction Test, entwickelt, aber aufgrund des engen Zeitrahmens nicht in unseren Prüfungssitzungen verwendet.[13] Eine adaptierte Variante ist in dem Übungsmaterial dieses Buches enthalten.

An dieser Iterationsstufe nahmen insgesamt 593 Studierende teil: 502 aus dem Bachelor- und 91 aus dem Masterstudiengang. Masterstudierende schnitten in allen neuen Tests sowie beim Mental Cutting Test besser ab als Bachelorstudierende. Beim Urban Layout Test trat diese Überlegenheit bei einer Perspektive deutlicher zutage, vermutlich die, die jeweils zuerst gelöst wurde. Alle neuen Tests korrelierten deutlich mit den bekannten Raumvorstellungstests, wodurch bestätigt war, dass sie das räumliche Vorstellungsvermögen auf breiterer Ebene messen. Allerdings belegten die Daten keine stärkere Korrelation der neuen Tests untereinander. Wir konnten folglich anhand der Korrelationen zwischen den Tests kein „architekturspezifisches" räumliches Vorstellungsvermögen bestätigen.

Auf Basis der Ergebnisse dieser zweiten Phase versuchten wir, die einzelnen Elemente der neuen Tests zu verbessern, und ließen sie danach erneut von Studierenden der drei Hochschulen, einschließlich 138 Teilnehmer aus der zweiten Phase, lösen. Außerdem führten wir die Tests mit einer Kohorte von Studierenden der Technischen Universität Kaiserslautern durch. Die Testergebnisse haben sich insgesamt verbessert und einige Erkenntnisse aus Phase 1 wurden bestätigt: Die neuen Tests korrelierten mit den bereits vorhandenen Raumvorstellungstests, aber beim Messen einer allgemeinen Fähigkeit hoben sich die neuen nicht eindeutig von den vorhandenen Tests ab. Außerdem verbesserten sich die Ergebnisse bei einigen Tests im zweiten Iterationsschritt deshalb, weil die Teilnehmer mehr Erfahrung auf dem Gebiet der Architektur erworben hatten. Die Leistungssteigerung wurde bei einem der neuen Tests (Packing) sowie bei beiden vorhandenen Tests (MCT und MRT) festgestellt. In dieser Phase befanden sich die meisten Teilnehmer im zweiten Jahr des Bachelorstudiums und nur eine geringe Anzahl im Masterstudium. Daher konnten wir nicht

verifizieren, ob Masterstudierende ein Jahr später noch immer besser als Anfänger sind. Dass die Überschneidung zwischen den neu entwickelten Tests geringer ausfiel als erwartet, könnte man damit erklären, dass unsere neuen Testelemente sehr heterogen waren und möglicherweise eine zu große Variabilität der Stimuli aufwiesen. Zugleich könnte diese Tatsache darauf hindeuten, dass solche Unterschiede zu subtil, zu stark an die allgemeineren räumlichen Fähigkeiten, die von bestehenden Tests erfasst werden, gebunden sind – oder auch dass sie sich in dieser relativ frühen Phase der Architekturlaufbahn noch nicht ausgebildet haben. Diesbezüglich begrüßen wir es, wenn unsere neuen Tests weiterentwickelt werden, und zwar nicht nur für die Architektur, sondern auch für andere Fachrichtungen. Mit den bestehenden Tests konnten wir in der ersten Projektphase auch lediglich Architekturstudierende mit Biologiestudierenden vergleichen. Dabei zeigten sich zwischen den Gruppen bei den meisten Tests keine Unterschiede, außer beim Mental Cutting Test, in dem die Studierenden der Architektur besser abschnitten als die der Biologie. Es wäre daher für die weitere Forschung interessant, diese Teilnehmer aus den unterschiedlichen Fachbereichen zu einem späteren Zeitpunkt in ihrem Studium erneut zu testen und ihre Ergebnisse aus Spezialtests, wie dem hier entwickelten, miteinander zu vergleichen. Sollten diese Spezialtests Denkprozesse erfassen, die für die Architektur relevanter sind, erwarten wir ausgeprägtere Unterschiede bei den Ergebnissen von Architekten und Nichtarchitekten.

Ein wichtiger Aspekt in unserer Forschung betraf den Geschlechterunterschied. Dieser wurde in früheren Untersuchungen insbesondere bei Aufgaben der mentalen Rotation durchweg dokumentiert. In all unseren drei Stufen schnitten Männer in den Raumvorstellungstests besser ab als Frauen, obwohl sie sich hinsichtlich ihres allgemeinen logischen Denkvermögens nicht unterschieden. Diese Ergebnisse lassen sich durch viele Faktoren erklären, von denen einige direkt aus dem räumlichen Kontext (z.B. langsamere räumliche Visualisierungsfähigkeit von Frauen) oder aus den Lösungsstrategien resultieren, während andere situationsbedingt, sei es durch die Testsituation in der Gruppe oder die Zeitbeschränkung, sein können. Die Gründe für unterschiedliche räumliche Vorstellungsfähigkeiten von Männern und Frauen sind vielfältig und wurden bereits umfassend diskutiert.[14] Beispielsweise zählen dazu die unterschiedlichen Vorerfahrungen mit räumlichen Aufgaben-

---

13 Der Test wurde tatsächlich in nur einer Prüfungssitzung durchgeführt. Der Grund, ihn wegzulassen, war rein pragmatisch: Da die Architekturstudierenden nur zu kürzeren Tests bereit waren, mussten wir irgendetwas streichen.

14 Levine, Susan C., Alana Foley, Stella Lourenco, Stacy Ehrlich und Kristin Ratliff. „Sex differences in spatial cognition: Advancing the conversation." In *Wiley Interdisciplinary Reviews: Cognitive Science* 7, Nr. 2, 127–155, März/April 2016.

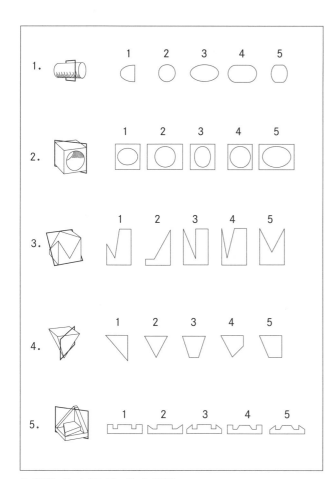

2 CEEB, *Mental Cutting Test,* 1939

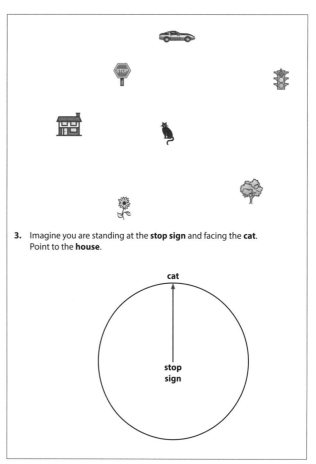

3. Imagine you are standing at the **stop sign** and facing the **cat**. Point to the **house**.

3 Kozhevnikov, Hegarty, *Spatial Orientation Test,* 2001

stellungen, da Jungen sich häufiger als Mädchen mit Dingen beschäftigen, die das räumliche Denken fördern. Angesichts der sehr problematischen Geschlechterkluft in der Architektur, die in erster Linie kulturell bedingt ist – fehlende Vorbilder, für Teilzeitarbeit ungeeignet und stark wettbewerbsorientiertes Umfeld –, könnte dieses geringere räumliche Vorstellungsvermögen ein weiteres Hindernis für Frauen in diesem Berufsfeld darstellen. Doch interessanterweise scheint der Unterschied auf Masterniveau geringer zu sein als im Bachelorstudium, was darauf hindeutet, dass sich der Raumsinn von Frauen im Verlauf des Architekturstudiums proportional stärker verbessert als der von Männern. Gleichzeitig zeigten unsere Daten, dass Frauen und Männer ihr räumliches Vorstellungsvermögen nach einem Jahr des Architekturstudiums auf Bachelorniveau in ähnlichem Maße verbessern konnten. Das Projekt bewies somit, dass die Architekturausbildung bei beiden Geschlechtern das räumliche Vorstellungsvermögen fördert.

Die Erstellung neuer Tests

Psychometrische Tests zu entwickeln, ist keine leichte Aufgabe, und der Test selbst muss nach seiner Zusammenstellung mehrfach verifiziert und angepasst werden. Durch psychometrische Tests des räumlichen Vorstellungsvermögens, wie den Mental Rotation Test (Vandenberg und Kuse, 1978) sollte ursprünglich die allgemeine Raumvorstellung ermittelt werden,

und zwar ohne Verlinkung zu den Fähigkeiten einer speziellen Fachrichtung. Dies war so angelegt, um die Abhängigkeit von Vorkenntnissen zu minimieren, damit die Aufgaben auch von Neulingen gelöst werden konnten. Aus dem Grund sind die Tests dekontextualisiert und abstrakt aufgebaut.

Zwar wird allgemein angenommen, dass Studierende in höheren Studienjahren eine gewisse Kompetenz in bestimmten Bereichen des räumlichen Vorstellungsvermögens aufgebaut haben, aber es gibt nur wenige Tests, um diese höherentwickelten Fähigkeiten zu erfassen. In unserem Fall strebten wir einen dekontextualisierten Test an, der keine Vorkenntnisse in der Architektur erforderte – Grundrisse, Schnitte oder technische Perspektiven –, der aber trotzdem an die Architektur angepasst ist. Wenn uns dies gelänge, sollten Architekten bei unserem Test besser abschneiden als Nichtarchitekten und ältere Studierende besser als Studienanfänger.

Zum Zwecke der Adaption an die Architektur wurden spezielle Aspekte des Entwurfsprozesses, für die räumliches Vorstellungsvermögen erforderlich ist, isoliert und in Testelemente umgewandelt. Bevor wir zu einer zufriedenstellenden Lösung gelangten, durchliefen wir viele Trial-and-Error-Phasen.

Der Entwurfsprozess wurde in der Vergangenheit aufgrund seiner Komplexität als „ill-structured problem"[15] (unklares

---

15 Reitman, W. R. „Heuristic Decision Procedures, Open Constraints, and the Structure of Ill-Defined Problems." In M. W. Shelly und G. L. Bryan (Hrsg.), *Human Judgements and Optimality,* New York, NY: John Wiley and Sons, 1964.

Problem) oder „wicked problem"[16] (verzwicktes Problem) bezeichnet. Die Architekten vollziehen dabei mehrere Arbeitsschritte in dem Bemühen, eine Idee – ein Konzept nach eingehender Analyse des Standorts und seines Genius loci – in ein Gebäude zu verwandeln, das sämtliche technischen und rechtlichen Rahmenbedingungen erfüllt. Dafür benötigen sie diverse Instrumente – zur Umwandlung einer Skizze in eine Zeichnung oder eines physikalischen in ein 3D-Modell – und sie springen zwischen verschiedenen Maßstäben und Blickwinkeln hin und her; vom großen städtischen Maßstab bis zum ganz kleinen Detailmaßstab. Ihre Perspektive wechselt dabei von der allozentrischen, d. h. der Vogelperspektive, zur egozentrischen, die einst voller Ironie als „Maulwurfperspektive" bezeichnet wurde.[17] Die Unterscheidung dieser beiden Perspektiven wurde im Rahmen psychometrischer Tests bereits theoretisiert.[18] Der Wechsel von einem Maßstab zum anderen und von einer Perspektive zur anderen erfolgt nicht linear, sondern eher zirkulär und irregulär und kann daher nicht auf einen erkennbaren Einzelzustand heruntergebrochen werden, sondern befindet sich in einem ständigen Fluss. Ein Hauptproblem der herkömmlichen psychometrischen Tests besteht darin, dass sie darauf ausgelegt sind, eine ganz spezielle Fähigkeit des räumlichen Denkens und vorzugsweise so wenige mentale Prozesse wie möglich zu messen. Sobald mehrere Fähigkeiten und Prozesse in einem Test kombiniert sind, wird es schwieriger, sie aus den Ergebnissen einzeln herauszulesen. Insofern besitzen psychometrische Tests in der Architektur den Makel, dass sie die Komplexität des Entwurfs künstlich auf ein vereinfachtes Modell reduzieren. Zugleich ist dies der Hauptvorteil solcher Tools verglichen mit anderen „chaotischeren" Verfahren. Vorausgesetzt, man beachtet den Reduktionismus, kann man den Testergebnissen vertrauen. Einige unserer Testelemente – insbesondere der Indoor Perspective Test – konnten einzelne räumliche Denkprozesse nicht so zuverlässig isolieren, wie dies in Standardtests eventuell möglich wäre. Wie schon erwähnt, könnte dies einer der Gründe sein, weshalb unsere Tests nicht genau so funktionierten, wie wir erwartet hatten. Vor diesem Hintergrund erstellten wir vier neue Tests: den Urban Layout Test, den Indoor Perspective Test, den Packing Test und den Mental Construction Test.

Besonders wichtig beim Erstellen eines Tests – und nicht weniger bedeutend als die sorgfältige Gestaltung der richtigen Antwort – ist es, mögliche Fehler vorauszuahnen und einzubauen. Um systematische Antwortmöglichkeiten vorgeben zu können, wurden die spezifischen Eigenheiten falscher Antworten definiert und innerhalb der Testelemente verarbeitet. Diese Eigenheiten waren beispielsweise die Anzahl der dargestellten Elemente, die Winkel bzw. der Komplexitätsgrad oder die Art des Fehlers, auf den sie hindeuteten. Eine weitere wichtige Erkenntnis war, dass die Tests so gestaltet werden

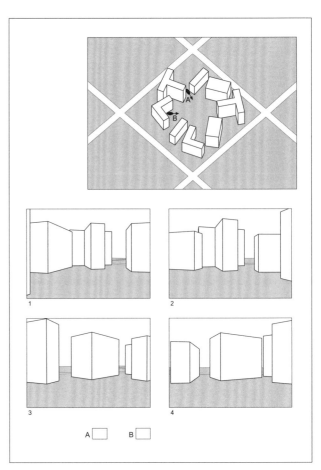

4 Berkowitz, Gerber, *Urban Layout Test,* Axonometrie, 2019

mussten, dass die Anwendung analytischer oder signalorientierter Strategien möglichst minimiert wird. Wir bemerkten, dass viele der von uns zu Beginn entwickelten Tests ganz ohne räumliches Vorstellungsvermögen gelöst werden konnten, indem man lediglich analytische Prozesse auf bestimmte Signale anwendete. Die Teilnehmer mussten einfach auf die Lage bestimmter Objekte oder ihre Anzahl achten und konnten den Test anhand nur dieser Informationen lösen. Um dieses Problem zu minimieren und die Teilnehmer zu zwingen, ihre räumliche Vorstellungskraft einzusetzen, wendeten wir für die Entwicklung der Tests viel Energie auf.

1. Urban Layout Test

In diesem Test wird durch eine Zusammenstellung verschiedener Formen ein städtischer Bereich nachgebildet. Der Proband muss anhand von vier vorgegebenen Ansichten zwei bestimmte Positionen innerhalb dieses Entwurfs erkennen. Man verlangt folglich von dem Probanden von der allozentrischen Perspektive der städtischen Gesamtansicht, die in der Draufsicht dargestellt ist, zu einer egozentrischen Perspektive aus einem Blickwinkel innerhalb dieses Entwurfs zu wechseln. Es gibt zwei Optionen, nicht nur eine. Letzteres würde ein einfacheres Vorgehen ermöglichen, bei dem die falschen Antworten ausgeschlossen würden, wohingegen der

16 Rittel, Horst W. J. *Planen–Entwerfen–Design. Ausgewählte Schriften zu Theorie und Methodik.* Stuttgart: Kohlhammer, 1992.

17 Gerber, Andri. „Adler oder Maulwurf? Der Städtebau und die Maßstabsfrage." In V. M. Lampugnani and R. Schützeichel (Hrsg.) *Die Stadt als Raumentwurf: Theorien und Projekte im Städtebau seit dem Ende des 19. Jahrhunderts,* 161–179. Berlin und München: Deutscher Kunstverlag, 2018.

18 Kozhevnikov, Maria, David W. Schloerb, Olesay Blazhenkova, Samuel Koo, Nadeem Karimbux, R. Bruch Donoff und Jairo Salcedo. „Egocentric versus allocentric spatial ability in dentistry and haptic virtual reality training." In *Applied Cognitive Psychology* 27, Nr. 3, 373–383, März 2013.

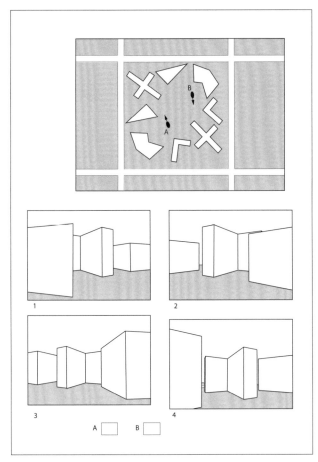

5 Berkowitz, Gerber, *Urban Layout Test,* Grundriss, 2019

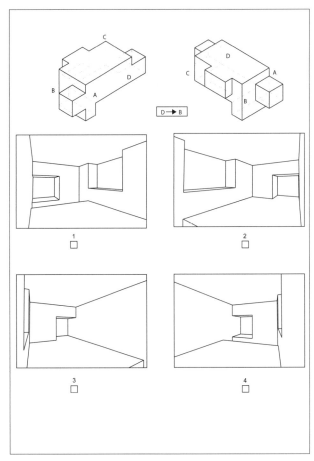

6 Berkowitz, Gerber, *Indoor Perspective Test,* 2019

Proband durch die zwei Optionen gezwungen ist, mental in den Stadtentwurf einzutauchen. In dem Test wechselten wir zwischen zwei Varianten: bei der einen wurde der Entwurf als Grundriss dargestellt, bei der anderen axonometrisch. Wir nahmen an, dass erstere eine größere Denkleistung erforderte. Insgesamt wurden elf verschiedene Formen – von einfach bis komplex – erzeugt. Jeder Entwurf bestand aus sechs oder acht Elementen, wobei die verwendeten Formen immer doppelt vorkamen. Fragestellungen mit einer größeren Anzahl und mit komplexeren Formen waren schwieriger zu lösen. Darüber hinaus wurden zwei mögliche Standorte des Betrachtenden festgelegt: einer innerhalb und einer außerhalb der angeordneten Objekte. Auf Grundlage dieser Kombination aus Objekten und Betrachtungsstandort entwickelten wir eine Reihe von Elementen, bei denen der Betrachtende aus vier sehr ähnlichen Perspektiven auswählen musste. Die Anordnung entsprach folglich immer den gewünschten Ansichten und basierte auf deren Ähnlichkeit. Um die richtige Antwort ermitteln zu können, waren die Objekte im Hintergrund von zentraler Bedeutung. Die größte Schwierigkeit bestand in der Ausrichtung der Objekte zueinander und zur Position des Betrachtenden. Die „Distraktoren" hingen somit von zwei Variablen ab: dem Standort des Betrachtenden und der Lage der Objekte. Alle Perspektiven waren „richtig", aber nur zwei entsprachen exakt diesen beiden Positionen.

2. Indoor Perspective Test

Während der Urban Layout Test ein städtisches Umfeld nachbildete, simuliert der Indoor Perspective Test das Innere eines Volumens, der ein Gebäude sein könnte. Wie im vorigen Fall muss der Proband einen Perspektivwechsel vollziehen, und zwar vom allozentrischen Blick auf das Volumen von außen – dargestellt aus zwei Blickrichtungen, um versteckte Details erkennbar zu machen – zur egozentrischen Perspektive in seinem Inneren. Im Vergleich zum Urban Layout Test ist die Maßstabsänderung vom einen zum anderen größer, da sich das Zielobjekt und die vier Lösungsmöglichkeiten in ihrer Größe stärker unterscheiden. Die vier Lösungen entsprechen dem Blick aus jeder der vier Ecken des Volumenkörpers, der immer zur entgegengesetzten Ecke verläuft. Darauf wird in einer kleinen Bildunterschrift hingewiesen. Die Distraktoren sind korrekte Ansichten, allerdings aufgenommen aus anderen Positionen innerhalb des Objekts. Die Ansichten unterschieden sich hinsichtlich der Art der Modifikation, die an dem Ausgangsquader vorgenommen wurde; Teile des Quaders wurden entweder nach innen oder nach außen „verschoben". Diese Verschiebungen erfolgten entweder rechtwinklig oder diagonal. Aus den veränderten Volumenkörpern entstanden somit ähnliche Ansichten, bei denen aber die Positionen dieser Modifikationen vertauscht waren. Die Fehler der Probanden waren hauptsächlich darauf zurückzuführen,

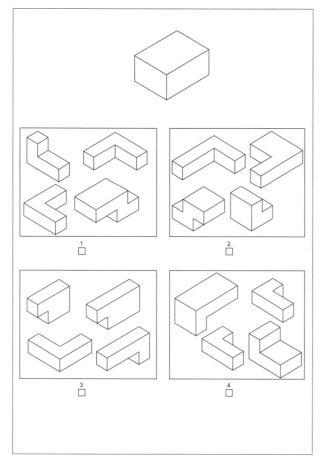

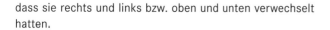

7 Berkowitz, Gerber, *Packing Test – Vom Ganzen zum Einzelteil*, 2019

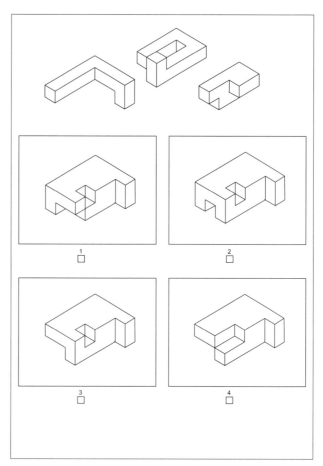

8 Berkowitz, Gerber, *Packing Test – Vom Einzelteil zum Ganzen*, 2019

dass sie rechts und links bzw. oben und unten verwechselt hatten.

3. Packing Test

Beim Packing Test mussten die Probanden dreidimensionale Volumenkörper zusammenbauen oder zerlegen. Wir gehen davon aus, dass diese Aufgabe für Architekten insbesondere dann relevant ist, wenn sie Gebäude oder Stadtbereiche entwerfen und dabei kleinere oder größere Volumen hinzufügen oder entfernen. Es gibt bereits psychometrische Tests, die auf ähnlichen Prinzipien basieren, z.B. Puzzleteile, die zusammengefügt werden müssen. Doch nach unserem Kenntnisstand ist keiner davon dreidimensional, abgesehen vom Experimental Blocks Test (um 1950).[19]

Es gibt zwei Varianten dieses neuen Tests. Dabei ist das Zielobjekt entweder ein vollständiger Volumenkörper – ein Quader oder ein Zylinder – oder es ist eine Ansammlung von Einzelteilen. Im ersten Fall muss erkannt werden, welcher Satz Einzelteile nach dem Zusammensetzen exakt dem Zielobjekt entspricht. Im zweiten Fall gilt es zu ermitteln, welcher Volumenkörper aus den gegebenen Teilen entsteht. Die Einzelteile

müssen dabei nur gedanklich verschoben, aber nicht rotiert werden. Der Volumenkörper besteht aus drei oder vier Teilen. In der Pretest-Phase erkannten wir, dass Aufgaben mit nur zwei Objektteilen zu leicht lösbar waren, wohingegen mehr als vier Teile zu schwierig waren und eine zu hohe kognitive Belastung erzeugten. Die Steigerung der Komplexität wird durch die Form der Volumenteile erreicht, wobei maximal zwei 90°-Krümmungen pro Objekt vorhanden waren. Die Distraktoren für jedes Element waren immer von dreierlei Art: (a) entweder füllten die zusammengesetzten Teile das Zielobjekt nicht aus, oder (b) die zusammengesetzten Teile füllten das Zielobjekt aus, überlappten aber, oder (c) sie reichten über den Umfang des Zielobjekts hinaus. Auf diese Weise war es auch hier möglich, die Fehlerarten klar zu erkennen.

4. Mental Construction Test

Ähnlich wie beim Packing Test müssen auch hier Elemente einander hinzugefügt werden. Doch der Fokus liegt dabei auf den Anweisungen, die die Probanden erhalten und anhand derer sie gedanklich ein Zielobjekt kreieren müssen, das ihnen zuvor nicht gezeigt wird. Von dem Zielobjekt werden dann vier Varianten präsentiert, von denen eine richtig ist. Ursprünglich wurden die Anweisung mündlich erteilt, allerdings wären dann die verbalen Fähigkeiten ein Einflussfaktor, der sich möglicherweise auf das räumliche Denken auswirken

---

19 Für einen umfassenden Überblick über die verschiedenen Raumvorstellungstests, auch die veralteten, siehe: Eliot, John und Ian Macfarlane Smith. *An International Directory of Spatial Tests.* Windsor: Nfer-Nelson, 1983.

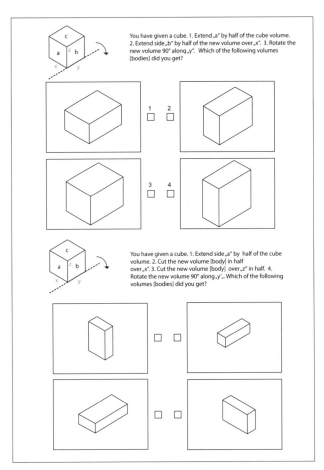

You have given a cube. 1. Extend „a" by half of the cube volume. 2. Extend side „b" by half of the new volume over „x". 3. Rotate the new volume 90° along „y". Which of the following volumes [bodies] did you get?

1 ☐   2 ☐

3 ☐   4 ☐

You have given a cube. 1. Extend side „a" by half of the cube volume. 2. Cut the new volume [body] in half over „x". 3. Cut the new volume [body] over „z" in half. 4. Rotate the new volume 90° along „y". Which of the following volumes [bodies] did you get?

☐   ☐

☐   ☐

9 Berkowitz, Gerber, *Mental Construction Test,* 2019

könnte. Auch wurde berichtet, dass viele Studierende in den Geisteswissenschaften unter Formen von Dyslexie leiden.[20] Darum haben wir uns für Anleitungen mit einfachen Formulierungen entschieden. Mit diesem Schritt sollte Verwirrung und eine zusätzliche mentale Belastung weitestgehend vermieden werden; eine Belastung die daraus resultiert, verbale Informationen in räumliche Konfigurationen übersetzen zu müssen. Von einem einfachen Quader ausgehend wurden Transformationen dieses Quaders beschrieben, indem beispielsweise weitere Quader hinzugefügt, aufeinandergestapelt oder gedreht wurden, und der Proband musste aus vier Antwortmöglichkeiten auswählen. Zu den Distraktoren zählten die Anzahl der Transformationen und die Komplexität der transformierten Volumenkörper. Fehler entstanden im Allgemeinen aus Inversionen, irrtümlichen Transformationen und zu vielen Schritten, die gedanklich nicht nachvollzogen werden konnten. Darum wird auch nur eine begrenzte Anzahl an Transformationen vorgegeben, da andernfalls die mentale Belastung zu groß würde. Dieser Test kam nur in einer Studie zum Einsatz, da nicht genügend Zeit zur Verfügung stand, um alle Tests abschließen zu können.[21]

20 Wolff, Ulrika und Ingvar Lundberg. „The Prevalence of Dyslexia Among Art Students." In *Dyslexia* 8, 34–42, Januar 2002.

21 Bei Interesse kann unser Test bei Andri Gerber von der ZHAW oder bei Michal Berkowitz von der ETH Zürich angefordert werden.

FÖRDERUNG DES RÄUMLICHEN DENKENS DURCH ARCHITEKTURGEOMETRIE

Cornelie Leopold

Räumliches Vorstellungsvermögen ist für die Architektur und für alle Bereiche, in denen räumliche Objekte und 3D-Realität geschaffen, entworfen und verändert werden, unerlässlich. Aber wie können die räumliche Vorstellungsfähigkeit und das Denken in 3D entwickelt und gesteigert werden? Geeignete Lösungsansätze dafür zu entwickeln, bleibt das Ziel der Architekturausbildung. Mit der Architekturgeometrie, traditionell als Darstellende Geometrie bekannt, bietet sich die Chance, räumliches Denken zu fördern.

Räumliches Vorstellungsvermögen für das architektonische Entwerfen

Die Wahrnehmung des Raums und unserer Umgebung markiert unseren Ausgangspunkt. Hilfsmittel, wie Zeichnen und 3D-Modellieren, haben die Funktion, die Vorstellungen des Entwerfenden wahrnehmbar zu machen. Eine Grundvoraussetzung für Architektur besteht darin, sich Raum vorstellen zu können und ihn auf einen Menschen, also seinen Betrachter oder Nutzer, zu beziehen. Im Kontext der Wahrnehmung ist die Geometrie dafür verantwortlich, Objekte auf Wahrnehmungs- und Erzeugungskriterien zu beziehen. Die Fähigkeit, sich räumliche Wirkungen und Beziehungen mithilfe von 2D-Zeichnungen, Bildern und Diagrammen vorstellen zu können, bleibt auch beim Arbeiten mit 3D-Modellierungsprogrammen unerlässlich. Die Geometrie liefert die Grundlagen zum Erzeugen von Formen, Strukturen und Räumen, die entsprechende räumliche Konzepte nahelegen. Außerdem hilft die Geometrie der Abbildungen und Visualisierungen verschiedene Darstellungskonzepte und visuelle Kommunikationsideen zu eruieren. Die Disziplin der Darstellenden Geometrie wurde im achtzehnten Jahrhundert als neuer und zentraler Bestandteil der Ingenieursausbildung entwickelt. Großen Anteil daran hatte Gaspard Monge (1746–1818) an der neu gegründeten École Polytechnique in Frankreich, aber auch Vertreter von technischen Universitäten, die im neunzehnten Jahrhundert in anderen Ländern gegründet wurden. Hauptanliegen der Darstellenden Geometrie war die Abbildung technischer und architektonischer Objekte im Entwurfsprozess sowie die Schaffung einer gemeinsamen Sprache für Ingenieure, Künstler, Handwerker und Arbeiter. Monge beschrieb die Rolle der Darstellenden Geometrie wie folgt:

„Diese Kunst (Darstellende Geometrie) hat zwei Hauptziele. Das erste ist, auf Zeichnungen, die nur zwei Dimensionen haben, mit Exaktheit Objekte darzustellen, die drei haben (...). Unter diesem Gesichtspunkt ist sie eine notwendige Sprache für den Ingenieur, wenn er ein Projekt entwirft, für jene, die die Ausführung leiten müssen und schließlich für die Künstler, die selbst die verschiedenen Teile ausführen. Das zweite Ziel der Darstellenden Geometrie ist, aus der exakten Beschreibung der Körper das daraus für ihre Formen und jeweilige Positionen Notwendige abzuleiten. (...) Es ist notwendig, sie als einen Teil der nationalen Bildung einzubringen."[1]

Später wurde die Darstellende Geometrie meist als eine Disziplin gesehen, die Zeichentechniken lehrt, was zu der Meinung führte, sie sei in Zeiten digitaler Werkzeuge, wie CAD-Programmen, obsolet geworden. Um dieser historischen Fehleinschätzung zu entgehen, sollten wir heute stattdessen den Begriff Architekturgeometrie verwenden. Das dient auch dazu, sich auf die beiden Hauptaufgaben dieser Disziplin zu konzentrieren: die geometrische Modellierung und die Darstellungsmöglichkeiten.

Um Studierende an die räumliche Vorstellung heranzuführen, erwies es sich als hilfreich, zunächst eine Zeichnung von 2D in 3D zu übersetzen und dann wieder zurück in 2D. Diese Prozesse eines 2D-3D-Wechselspiels kann in verschiedenen Medien erfolgen: Skizzen, Handzeichnungen orthogonaler Risse, Axonometrien und Perspektiven, digitale 3D-Modellierung, physische Modellierung sowie das Setzen der Blickrichtungen in Bezug zu den digitalen und physischen 3D-Modellen. Zwischen den unterschiedlichen Darstellungsarten räumlicher Objekte und den Objekten selbst hin und her zu wechseln – also dieses Wechselspiel zwischen ihnen auszuführen – ist die effektivste Methode, um räumliches Vorstellungsvermögen auszubilden. Wir verwendeten in einer Übung dazu die Umrissfigur des Huis Visser (1956) im niederländischen Bergeijk, entworfen von Gerrit Rietveld (1888–1964) und später neu entworfen und ergänzt von Aldo van Eyck (1918–1999), dargestellt in Bild 1. Im ersten Schritt mussten die Studierenden nach 2D-Figuren in der Umrissfigur suchen, die als Grundlage für eine abstrahierte Gebäudestruktur diente. Diese 2D-Figuren wurden dann zu 3D-Objekten weiterentwickelt, die als geometrische Abstraktion einer Gebäudekomposition gesehen werden konnte.

Raumvorstellungstests und Ergebnisse

Mit unseren Studierenden der Architektur und des Bauingenieurwesens führten wir zwischen 1994 und 2013 eine Reihe von Raumvorstellungstests durch. Die Anzahl der Teilnehmenden war mit 100 bis 250 in jedem dieser Jahre recht hoch. Zum

---

1 Monge, Gaspard. *Géométrie Descriptive*. Paris: Baudouin, 1798. https://gallica.bnf.fr/ark:/12148/bpt6k5783452x, (abgerufen am 22. April 2020), S. 2 (übersetzt aus dem Französischen durch die Autorin).

1 Umriss und erhaltene 3D-Kompositionen als Pappmodelle, Handzeichnungen orthogonaler Ansichten und einer Axonometrie des Studenten Jonny Klein, 2018

Einsatz kamen verschiedene international anerkannte Tests, u. a. Mental Rotation Test (MRT), Mental Cutting Test (MCT) und Differential Aptitude Test: Space Relations (DAT).

In einigen Jahren stellten wir auch Vergleiche mit Studierenden der Raum- und Umweltplanung, Mathematik, Maschinenbau und Wirtschaftsingenieurwesen der Technischen Universität Kaiserslautern an. Ein Ergebnis war, dass es immer eine signifikante Gender-Differenz gab, wobei die Männer bessere Ergebnisse erzielten. Aber es zeigte sich auch ein weiteres Ergebnis, und zwar, dass die Gender-Differenzen in den Testergebnissen in Studienfächern mit geringerem Frauenanteil kleiner ausfielen. Das spricht dafür, dass sich Frauen mit gut entwickeltem räumlichem Vorstellungsvermögen eher für diese „schwierigen" Ingenieurstudienfächer entscheiden.

In manchen Jahren führten wir am Semesterende auch Posttests durch, um mögliche Veränderungen durch unser Lehrprogramm zu ermitteln. Dabei verzeichneten wir folgende Ergebnisse:

- Frauen wiesen in diesen Posttests eine viel stärkere Verbesserung ihrer Fähigkeiten auf als Männer, die im Pretest schwach abgeschnitten hatten;
- Gender-Differenzen nahmen ab;
- Studierende der Architektur und des Bauingenieurwesens verbesserten sich im Posttest viel stärker als jene des Maschinenbaus.

Studierende der Architektur und des Bauingenieurwesens besuchen Kurse in Darstellender Geometrie, in denen die räumlichen Fähigkeiten speziell gefördert werden, wohingegen angehende Maschinenbauingenieure nur eine abgespeckte Version im Technischen Zeichnen belegen.

Internationale Studien kamen zu ähnlichen Ergebnissen. Kenjiro Suzuki aus Japan analysierte mithilfe von Pre- und Posttests das räumliche Vorstellungsvermögen von Studierenden mit verschiedenen Lehrprogrammen: Darstellende Geometrie, Computergrafik, Technisches Zeichnen, computergestütztes Entwerfen in 3D und eine Kontrollgruppe ohne eines solchen Kurses.[2] Diese Forschung zeigte, dass Kurse, in denen Handzeichnen und geometrische Inhalte vermittelt wurden, bei der Verbesserung der räumlichen Vorstellungsfähigkeit eine wichtige Rolle spielten. Ähnliche Ergebnisse erhielt auch Sheryl Sorby aus den USA in zahlreichen Studien. Kurse der Darstellenden Geometrie waren in den USA größtenteils durch CAD-Kurse ersetzt worden, was zu schwächeren Raumvorstel-

lungsfähigkeiten der Studierenden führte.[3] Sorby entwickelte einen Trainingskurs für Raumvorstellungsfähigkeiten, der Skizzieren und Zeichnen, unterstützt durch eine Multimedia-Software als wesentliche Elemente umfasst. Studierende, die an diesem Kurs teilgenommen hatten, erzielten in den Posttests signifikant bessere Ergebnisse und wiesen eine höhere Studienverbleibquote auf als die Kontrollgruppe. Computergrafikkurse hatten hingegen keine spürbare Auswirkung auf die Visualisierungsfähigkeiten der Teilnehmenden. Diese internationalen Studien sowie unsere persönlichen Erfahrungen zeigten, wie wichtig eine anschauliche grafische Raumgeometrie für die Entwicklung des räumlichen Vorstellungsvermögens ist.

Architekturgeometrie-Programm zur Förderung räumlicher Fähigkeiten

In den vielen Jahren, Architekturstudierende in Architekturgeometrie zu unterrichten, wurde offensichtlich, dass viele Studienanfängerinnen und -anfänger eine sehr schwach ausgeprägte Raumvorstellung besaßen und es innerhalb desselben Kurses sehr große Unterschiede in den räumlichen Vorstellungsfähigkeiten der Studierenden gab. Wir ließen unseren Geometrieunterricht bewerten, indem die Studierenden in einem Fragebogen nach ihren Erfahrungen und Einschätzungen unseres Lehrprogramms befragt wurden.[4] Zeichenbeispiele und Modelle wurden als hilfreichste Maßnahmen beurteilt,

2 Suzuki, Kenjiro. „Activities of the Japan Society for Graphic Science—Research and Education." In *Journal for Geometry and Graphics* 6, Nr. 2, 225, 2002.

3 Sorby, Sheryl. „Impact of Changes in Course Methodologies on Improving Spatial Skills." In *Journal for Geometry and Graphics* 9, Nr. 1, 99–105, 2005.

4 Leopold, Cornelie. „Principles of a Geometry Program for Architecture–Experiences, Examples, and Evaluations." In *Journal for Geometry and Graphics* 7, Nr. 1, 101–110, 2003.

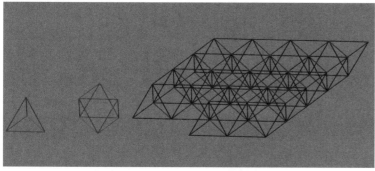
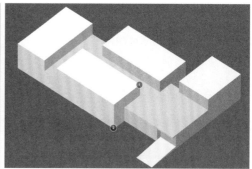

2 Beispiele digitaler 3D-Modelle in Sketchfab®: animiertes 3D-Modell eines Raumfachwerks aus einer Tetraeder-Oktaeder-Packung (A. 6.10); zwei voreingestellte Ansichten (Draufsicht und Vorderansicht) im 3D-Modell eines Hauses, basierend auf dem Kirchner-Museum (1992) in Davos von Annette Gigon und Mike Guyer (B. 4.3)

um räumliches Denken zu unterstützen. Neben physischen Modellen führten wir auch digitale 3D-Modelle ein, die Zeichenbeispiele und -methoden begleiten, um in jedem Beispiel räumliches Denken anzuregen. Die Plattform Sketchfab® wird genutzt, um 3D-Modelle und -Animationen zu publizieren und zu teilen. Damit lassen sich diese in einem Browser, unabhängig von einem Zeichenprogramm, betrachten und sie sind auch in einer App auf Smartphones und Tablets verfügbar. Die meisten Beispiele in unserem Lehrbuch[5] und der Aufgabensammlung werden auf diese Weise als unterstützende digitale 3D-Modelle zur Verfügung gestellt. Die zwei Beispiele in Bild 2 können interaktiv betrachtet werden, und um die unterschiedlichen Perspektiven verstehbar zu machen, lassen sich in vielen Beispielen voreingestellte Ansichten auswählen. Außerdem ist es möglich, Prozesse und Methoden durch Animationen nachzuvollziehen.[6]

Räumliches Vorstellungsvermögen wird insbesondere durch die Kombination verschiedener Medien angeregt. In ihrem ersten Jahr arbeiten die Studienanfängerinnen und -anfänger an einem kleinen Entwurfsprojekt, das von den Fächern Methodik des Entwerfens bei Prof. Dirk Bayer und Baukonstruktion bei Prof. Stephan Birk betreut wird. Wir unterstützen dieses erste Projekt, um die Studierenden mit den verschiedenen Darstellungen eines Gebäudeentwurfs in dessen Umgebung vertraut zu machen sowie Außen- und Innenansichten einander zuordnen zu können. Solche Perspektiven in handgezeichneten geometrischen Konstruktionen und Visualisierungen sind hilfreich, um die Wirkung des Entwurfs antizipieren zu können, dargestellt in den Bildern 3 und 4.

Diese Studien sind wichtige Schritte auf dem Weg, die Parameter und Konsequenzen für das konstruierte Bild zu verstehen. Um diese Darstellung mit den Wahrnehmungsbedingungen in Einklang zu bringen, müssen Licht und Schatten in der perspektivischen Darstellung beachtet und auf realistische Sonnenstände bezogen werden. Die Testaufgaben im vorliegenden

Buch, d. h. der Urban Layout Test und der Indoor Perspective Test, entsprechen solchen perspektivischen Szenen eines Architekturprojektes.

Zeichnen und dabei dreidimensional zu denken, ist ein wichtiger Schritt für die Entwicklung des räumlichen Vorstellungsvermögens. Manchmal ist es ein weiter Weg, Studierende zu einem räumlichen Verständnis zweidimensionaler Zeichnungen zu bringen. Aber die geometrischen Hintergründe der Abbildungsmethoden von 3D in 2D sowie die Rolle der Darstellungsparameter zu kennen hilft, die räumlichen Fähigkeiten zu verbessern und folglich auch die architektonischen Entwurfskompetenzen zu ermöglichen.

5   Leopold, Cornelie. *Geometrische Grundlagen der Architekturdarstellung. Mit 3D-Modellen und Animationen zur räumlichen Vorstellung.* 6. Auflage. Wiesbaden: Springer Verlag, 2019.
6   Leopold, Cornelie, Falk Ahlhelm und Viyaleta Zhurava. „Model Collections on Sketchfab®." (abgerufen am 22. April 2020).
    A. https://sketchfab.com/cornelieleopold/collections
    B. https://sketchfab.com/DarstellendeGeometrie/collections

3 Außen- und Innenraumperspektive des Architekturprojekts „Movie Character House" von Philipp Hell, Student im ersten Studienjahr, 2012

4 Innenraum- und Außenperspektive des Architekturprojekts „Drachenfliegerhaus" von Natascha Reinhardt, Studentin im ersten Studienjahr, 2019

FACHKOMPETENZ UND DIE BEDEUTUNG VON RAUMVORSTELLUNGSTESTS

David Uttal

Die Kapitel dieses Buches präsentieren eine sehr gut recherchierte und validierte psychometrische Bewertung des räumlichen Denkens von Architekturschaffenden. Nach meinem Wissen handelt es sich dabei um einen von sehr wenigen Tests, die speziell für die Beurteilung individueller Unterschiede im räumlichen Denken von Fachleuten entwickelt wurden. Fast alle anderen Raumvorstellungstests dienen dazu, das allgemeine räumliche Denken zu beurteilen, das theoretisch nicht auf Fachkenntnissen in einem bestimmten Metier oder Wissensgebiet beruht. Beispielsweise müssen sich die Probanden bei mentalen Rotationstests meist die Transformation bedeutungsloser Figuren, wie unterschiedlich zusammengesetzter Würfel, vorstellen.

Die Autoren haben sich eine sehr anspruchsvolle Aufgabe gestellt: einerseits zu entschlüsseln, welche Arten von räumlichen Fähigkeiten Architekturschaffende brauchen, und andererseits eine psychometrische Bewertung dieser Fähigkeiten zu ermöglichen. Ihre Ergebnisse können hilfreich sein, um über die Arten von räumlicher Fachkompetenz zu reflektieren. Insbesondere der neue Test und die zugehörige Forschung geben Aufschluss über die Art der räumlichen Expertise und über die Beziehung zwischen räumlichem Denken und den Leistungen in Naturwissenschaften und Kunst.

Die Art der räumlichen Fachkompetenz

Der Test und die nachfolgende Validierung lassen darauf schließen, dass räumliche Expertise in der Architektur eine Kombination aus fachspezifischem Wissen und grundlegenden räumlichen Fähigkeiten ist. Architekten sind beispielsweise bestens mit den Abläufen beim Hausbau vertraut und können aus diesem Wissen schöpfen, wenn sie räumliche Probleme lösen. Die in diesem Buch präsentierten Ergebnisse erklären, wie stark sich Fachkenntnisse auf Wahrnehmung, Lernen und Leistung auswirken. Fachwissen beeinflusst, womit wir uns beschäftigen, was uns wichtig ist und wie wir denken.[1] Für eine große Bandbreite von Wissensgebieten, angefangen bei Schach[2] bis hin zur Geschlechtsbestimmung von Geflügel,[3] wurden Einflüsse und Fachkompetenzen dokumentiert. Zwei Beispiele aus früheren Arbeiten belegen,

wie wichtig der Sachverstand in räumlich anspruchsvollen Fachgebieten ist.

Spezielles räumliches Denken in der Geologie

Das erste Beispiel befasst sich mit der Raumkognition von Geologen. Resnick und Shipley (2013) haben beobachtet, dass sich Geologen oft räumliche Transformationen vorstellen müssen, die sich von denen aus typischen Raumvorstellungstests grundlegend unterscheiden.[4] Beispielsweise müssen Geologen verstehen, wie sich das Bruchverhalten von spröden Materialien darstellt, wenn Kräfte auf sie einwirken. Nicht starre Transformationen waren meines Wissens noch nie Gegenstand der traditionellen psychometrischen Forschung im Bereich des räumlichen Denkens. Alle Studien zur mentalen Rotation gehen zum Beispiel von der Annahme aus, dass die Figuren zusammenbleiben und sich während der Rotation nicht verändern. Der räumliche Sachverstand von Geologen weist uns daher deutlich auf die Grenzen unseres derzeitigen Denkansatzes zur Raumkognition hin, und wir können die Forschungstätigkeit auch auf dieses Gebiet ausdehnen.

Shipley und seine Kollegen bewiesen, dass Geologen in der Lage sind, das Verhalten spröder Raumformationen gedanklich zu transformieren, Chemiker jedoch nicht.[5] Bild 1 zeigt das Beispiel eines „zerscherten Wortes", hier das Wort „eat", das auf eine hypothetische geologische Verwerfung projiziert wurde. Wenn sich die Verwerfung bewegt, werden die Gesteinsschichten zerscheren und brechen damit auch das Wort entzwei. Um das zerscherte Wort lesen zu können, muss man sich vorstellen, wie sich die Buchstabensegmente durch diese spröde Transformation verschieben würden.

Die Geologen waren in der Lage, die zerscherten Wörter zu lesen, sogar wenn weitere Zeichen (z. B. Fragezeichen) eingefügt wurden, die das Entziffern zusätzlich erschwerten. Aber die Chemiker konnten trotz ihres allgemein sehr guten räumlichen Vorstellungsvermögens die zerscherten Wörter nicht lesen. Diese Ergebnisse lassen darauf schließen, dass das geologische Fachwissen einzigartige Auswirkungen auf die Wahrnehmung und die Umwandlung räumlicher Informationen hat. Die Geologen interpretierten diese Transformation als „Verwerfung" und verarbeiteten die Information dementsprechend. Diese Ergebnisse offenbaren eine völlig neue Fähigkeit, über

1   Chi, M. T., R. Glaser und M. J. Farr. *The nature of expertise.* Milton Park, UK: Psychology Press, 2014.
2   Gobet, F. und N. Charness. „Expertise in chess." In K. A. Ericsson, N. Charness, P. J. Feltovich und R. R. Hoffman (Hrsg.), *The Cambridge handbook of expertise and expert performance,* 523–538. Cambridge, UK: Cambridge University Press, 2006.
3   Biederman, I. und M. M. Shiffrar. „Sexing day-old chicks: A case study and expert systems analysis of a difficult perceptual-learning task." In *Journal of Experimental Psychology: Learning, memory, and cognition, 13(4),* 640–645,1987.

4   Resnick, I. und T. F. Shipley. „Breaking new ground in the mind: an initial study of mental brittle transformation and mental rigid rotation in science experts." In *Cognitive processing, 14(2),* 143–152, 2013.
5   Atit, K., T. F. Shipley und B. Tikoff. „Twisting space: Are rigid and non-rigid mental transformations separate spatial skills?" In *Cognitive processing, 14(2),* 163–173, 2013.

Before Fragmentation
(faulting):

After Fragmentation
(faulting):

eat ⇒ ɘɒƚ

Before Fragmentation
(faulting):

After Fragmentation
(faulting):

e?a?t ⇒ ɘ?ɒ?ƚ

1 Beispiel der zerscherten Wörter *(Faulted Words)* von Resnick und Shipley, 2013

die weder Studienanfänger noch Chemiker verfügen, und zwar die Fähigkeit, sich spröde Transformationen vorzustellen. Ohne die Begutachtung von Experten wäre uns nicht bewusst, dass verschiedene Arten von Fachwissen vollkommen andere Fähigkeiten hervorbringen als die, die in standardisierten Raumvorstellungstests geprüft werden.

Spezielles räumliches Denken in der Chemie

Auch wenn Chemiker die zerscherten Wörter nicht lesen konnten, verfügen sie dennoch über einen ganz eigenen Sachverstand. M. Stieff bat Experten und Anfänger auf dem Gebiet der Chemie, die von Shepard und Metzler bekannten Figuren sowie verschiedene Molekülanordnungen zu rotieren.[6] Bei den Figuren von Shepard und Metzler schnitten die Anfänger und Experten ungefähr gleich gut ab, und die Diagramme weisen die traditionell starke und positive Beziehung zwischen der Winkeldisparität von Stimulus und Zielobjekt und der Reaktionszeit auf. Doch als die Chemiker die Darstellungen der chemischen Moleküle beurteilen sollten, führte dies zu ganz anderen Ergebnissen. Insbesondere bei symmetrischen Molekülen hatten die ausgebildeten Chemiker sehr schnell die korrekte Lösung parat. Die Größe der Rotation hatte dabei keinen Einfluss auf ihr Urteilsvermögen; davon unabhängig konnten Chemiker sehr schnell und korrekt ermitteln, ob die transformierte Figur eine rotierte oder gespiegelte Variante des Originalmoleküls darstellte. Sie hatten Erfahrung mit der Chiralität (bzw. Händigkeit) von Molekülen. Diese räumliche Eigenschaft ist ein kritischer Aspekt vieler Moleküle und gehört daher zum Grundwissen von Chemikern. Mit diesem Wissen war es den Fachleuten bei den mentalen Rotationsaufgaben möglich, schnell und fehlerfrei zu ermitteln, ob die Moleküle rotiert wurden. Anspruchsvolle mentale Rotationen waren dafür gar nicht nötig, denn ihnen war sofort klar, ob das Zielmolekül ein Spiegelbild des Originals war oder nicht. *Warum sind räumliches Denken und naturwissenschaftliche oder auch künstlerische Fähigkeiten voneinander abhängig?* Durch den Nachweis, dass Fachwissen von großer Bedeutung für das räumliche Denken ist, ergaben sich auch ganz neue Einblicke in die Beziehung zwischen räumlicher Vorstellungskraft und den Fähigkeiten in Kunst und den MINT-Fächern

(Mathematik, Informatik, Naturwissenschaften, Technik). Es ist allseits bekannt, dass das Abschneiden bei Raumvorstellungstests mit den Fähigkeiten einer Person in Naturwissenschaften, Mathematik, Technik, Informatik und einigen Kunstfeldern korreliert.[7] Aber warum ist das so? Warum besteht ein Zusammenhang zwischen dem räumlichen Vorstellungsvermögen und dem Können in den MINT-Disziplinen? Für viele scheint die Antwort auf diese Frage allzu offensichtlich: MINT und Kunst besitzen von Natur aus einen räumlichen Charakter, und daher ist ein guter Raumsinn erforderlich, um auf diesen Gebieten erfolgreich zu sein. Beispielsweise muss sich ein Strukturgeologe die Kräfte vorstellen können, die ein Gebirge erschaffen haben, und ein Architekt muss sich verschiedene Perspektiven vorstellen können, wenn er ein Bauwerk innerhalb eines verfügbaren Grundstücks entwirft.

Doch unsere Beschäftigung mit dem Einfluss von Fachwissen auf das räumliche Denken sollte uns dazu veranlassen, auch andere mögliche Ursachen für die Korrelation zwischen räumlichem Vorstellungsvermögen und den Leistungen auf künstlerischem Gebiet und in MINT-Fächern in Erwägung ziehen. Wie schon andernorts erwähnt, scheint sich diese Korrelation mit zunehmender Fachkenntnis zu verringern. Wir haben theoretisch erörtert, dass in Fällen, in denen die Leistung zunehmend von der Art der oben erläuterten räumlichen Expertise abhängt, die allgemeinen räumlichen Fähigkeiten (wie die mentale Rotation abstrakter Objekte) immer weniger wichtig werden.[8] So gesehen, spiegelt die Korrelation zwischen räumlichem Vorstellungsvermögen und Leistungsfähigkeit Faktoren wider, die sehr früh in der Karriere von Künstlern, Ingenieuren und Wissenschaftlern von Belang waren. Die Fachleute besitzen zwar einen sehr gut ausgeprägten Raumsinn, aber sie greifen beim Lösen anspruchsvoller Aufgaben oft auf fachbereichsspezifisches Wissen zurück.

Zusammenfassend ist festzustellen, dass sich die Leistung von Experten aus räumlich anspruchsvollen Fachgebieten grundlegend unterscheidet von der Leistung von Anfängern, die in fast allen Forschungsprojekten die Probanden stellten. Doch seit etwa einem Jahrzehnt beginnen die Wissenschaftler, die Grundzüge räumlicher Expertise in verschiedenen Disziplinen zu begreifen, und das vorliegende Buch leistet dazu einen wichtigen Beitrag.

6 Stieff, M. „Mental rotation and diagrammatic reasoning in science." In *Learning and Instruction, 17 (2)*, 219, 2007.

7 Uttal, D. H. und C. A. Cohen. „Spatial thinking and STEM education: When, why, and how?" In *Psychology of learning and motivation, 57*, 147–181, 2012. Wai, J., D. Lubinski und C. P. Benbow. „Spatial ability for STEM domains: Aligning over 50 years of cumulative psychological knowledge solidifies its importance." In *Journal of Educational Psychology, 101*(4), 817–835, 2009. Walker, C. M., E. Winner, L. Hetland, S. Simmons und L. Goldsmith. „Visual thinking: Art students have an advantage in geometric reasoning." In *Creative Education, 2*(01), 22–26, 2011.

8 Uttal und Cohen, 2012; siehe auch Hambrick, D. Z., J. C. Libarkin, H. L. Petcovic, K. M. Baker, J. Elkins, C. N. Callahan und N. D. LaDue. „A test of the circumvention-of-limits hypothesis in scientific problem solving: The case of geological bedrock mapping." In *Journal of Experimental Psychology: General, 141*(3), 397–403, 2012.

MESSUNG DES RÄUMLICHEN DENKENS IN DER ARCHITEKTUR: VOM WERT PSYCHOMETRISCHER TESTS

Thomas und Noah Shipley

Inwieweit lässt sich durch psychometrische Tests – das heißt Tests, mit denen spezielle mentale Fähigkeiten gemessen werden – ermitteln, welche Bedeutung das räumliche Denken für die Architektur besitzt? Architekturschaffende nutzen ihre räumlichen Kompetenzen tagtäglich, wenn sie Zeichnungen betrachten oder erstellen, wenn sie die einzelnen Puzzleteilchen aus Programm, Zirkulation oder Gebäudesystemen durchdenken oder wenn sie sich bestimmte Gegebenheiten vorstellen, wie Lichteinfall, Wasserdurchfluss oder Menschenströme, die im Laufe der Zeit eintreten könnten. Unterschiedliche Phasen oder Stufen im Entwurfsprozess erfordern unterschiedliche räumliche Denkarten. Für das anfängliche Dimensionieren und Skizzieren von Räumen wird eine andere Denkart benötigt, als bei der Detaildarstellung eines Eingangsbereichs.[1] Selbst während der Bauphase spielen räumliche Kompetenzen eine Rolle. Architekten müssen den Baufortschritt anhand ihrer Bauunterlagen und ihres eigenen geistigen Modells überprüfen, und was manchmal als Qualitätskontrolle beginnt, kann schnell eine spontane räumliche Überlegung erfordern, falls Änderungen nötig sind.

Gewiss kann nicht jede Architektin und nicht jeder Architekt von Beginn an all diese räumlichen Aufgaben problemlos meistern. Psychometrische Tests helfen uns möglicherweise dabei, individuelle Variationen bei den räumlichen Kompetenzen zu verstehen. Aber was man mit dem Wissen, dass einige Menschen eine höhere räumliche Kompetenz besitzen als andere, anstellt, ist zum Teil davon abhängig, ob man das räumliche Denken als eine unveränderliche oder als eine erlernte Fähigkeit auffasst. In diesem Kapitel verwenden wir ganz bewusst den Begriff *räumliche Kompetenz* statt *Vorstellungsvermögen*, weil *räumliches Vorstellungsvermögen* auf subtile Weise vermittelt, es handele sich bei dieser Fähigkeit, über Raum nachzudenken, um eine unveränderliche Eigenschaft. Allerdings gibt es nahezu keine Beweise dafür, dass die räumlichen Kompetenzen eines Menschen ein Leben lang gleich bleiben.

Zu welcher Meinung man bei der Frage, ob räumliche Kompetenzen unveränderlich oder formbar sind, tendiert, scheint kulturell bedingt zu sein. Einige MINT-Fächer (z. B. Physik) favorisieren „unveränderlich" und andere (z. B. Geologie) „formbar". Diese kulturelle Kluft zeigt sich besonders deutlich zwischen der Chirurgie und der Zahnheilkunde.[2] Im Zulassungsverfahren für das Chirurgiestudium wird durch einen Raumvorstellungstest eruiert, wer vermutlich ein erfolgreicher Chirurg wird, und es werden nur Kandidaten zugelassen, die bei dem Test gut abschneiden. Hingegen wird im Zulassungsverfahren für das Zahnmedizinstudium durch einen Raumvorstellungstest ermittelt, wer vermutlich Schwierigkeiten in der Zahnheilkunde haben wird, und die Kandidaten, die im Test schlecht abschneiden, müssen spezielle Kurse absolvieren, um ihre räumlichen Kompetenzen zu verbessern.

US-amerikanische Wissenschaftler fanden heraus, je stärker bestimmte Berufe innerhalb der Natur- und Geisteswissenschaften den Nimbus der Brillanz (unveränderliche Fähigkeit) verkörpern, umso größer ist das Missverhältnis der Geschlechter und umso geringer der Anteil von Afroamerikanern in diesen Berufen. Zwar erfassten die Wissenschaftler keine Daten speziell für die Architektur, aber nach Aussage der US-amerikanischen Registrierungsbehörden für Architekturschaffende (National Council of Architectural Registration Boards) aus dem Jahr 2016 betrug der Anteil der Frauen unter den Neuzulassungen 36 % und der Anteil Afroamerikaner 2 %. Damit reiht sich die Architektur im Mittelfeld der Naturwissenschaften und im unteren Quartil der Geisteswissenschaften ein.[3] Auch wenn diese Statistiken eine strukturelle Ungleichheit widerspiegeln, so stehen sie doch im Einklang mit der historischen Verehrung des „genialen" Architekten (z. B. Le Corbusier, Frank Lloyd Wright usw.), wonach Exzellenz in der Architektur als unveränderliche Eigenschaft gilt. Doch die Forschungsergebnisse plädieren dafür, dass Architekturhochschulen das Lehrmodell aus der Zahnheilkunde in Betracht ziehen und die Studierenden psychometrischen Tests unterziehen sollten, um sie anschließend in entsprechende Kurse zu schicken, wo sie wichtige Fähigkeiten trainieren können. Von daher ermutigen wir den Leser, mögliche vorgefasste Meinungen über das unveränderliche Wesen des räumlichen Denkens in der Architektur beiseite zu schieben und im Sinne der Chancengleichheit einen erweiterbaren Geist als Möglichkeit zuzulassen. Anhand von drei Fragestellungen möchten wir verdeutlichen, welche *Chancen* sich allen Architekten eröffnen, Studierenden ebenso wie Meistern dieses Fachs, wenn sie an psychometrischen Tests ihrer räumlichen Kompetenzen teilnehmen.

---

1   Newcombe, Nora S. und Thomas F. Shipley. „Thinking about spatial thinking: New typology, new assessments." In John S. Gero (Hrsg.), *Studying Visual and Spatial Reasoning for Design Creativity,* 179–192. Dordrecht: Springer, 2014.

2   Hegarty, Mary, Madeline Keehner, Cheryl Cohen, Daniel R. Montello und Yvonna Lippa. „The role of spatial cognition in medicine: Applications for selecting and training professionals." In G. L. Allen (Hrsg.) *Applied Spatial Cognition: From research to cognitive technology,* 285–315. Mahwah, NJ: Lawrence Erlbaum Associates Publishers.

3   Leslie, S. J., Andrei Cimpian, Meredith Meyer und Edward Freeland. „Expectations of brilliance underlie gender distributions across academic disciplines." In *Science* 347, Nr. 6219, 262–265, 2015.

2 Eine Testaufgabe, bei der die Buchstaben „rpepd" diagonal zerschnitten und die Einzelteile verschoben wurden. Geologen bereitet es keine Schwierigkeiten, die Fragmente gedanklich wieder zu ordnen und die ursprüngliche Buchstabenfolge zu nennen.

Was können Architekten besonders gut?

Experten, die stets etwas Neues und Funktionales kreieren wollen, müssen immer wieder die Grenzen des räumlichen Denkens sprengen. Folglich ist es wahrscheinlich, dass Fachleute aus einem räumlich so komplexen Gebiet wie der Architektur bisher unerkannte Kompetenzen besitzen. Auch hier bieten sich Möglichkeiten für psychometrische Tests. Wissenschaftler können anhand solcher Tests nach bestimmten Kategorien räumlicher Kompetenzen suchen, die für spezielle Aufgaben vonnöten sind. Aus der Forschung mit psychometrischen Tests innerhalb der Kognitionswissenschaften sind unter anderem folgende Kategorien bekannt: gedankliche Navigation durch einen Raum, gedankliche Visualisierung, wie etwas aus einem bestimmten Blickwinkel aussehen würde, gedankliche Rotation eines Objekts und gedankliches Biegen, Schneiden und Brechen von Objekten.

Um eine Vorstellung davon zu bekommen, wie ein Test die Grundbausteine des räumlichen Denkens identifiziert, soll Bild 2 helfen. Dieses entstammt einem Test, mit dem die Fähigkeit gemessen wird, zerbrochene Objekte zusammenzusetzen – eine räumliche Kompetenz, die in der Geologie benötigt wird. Geologen sind Meister darin, zerbrochene Objekte gedanklich wieder zusammenzufügen, denn um die Erdgeschichte zu verstehen, müssen sie Veränderungen, die im Fels im Verlauf der geologischen Zeit vonstattengingen, mental rückgängig machen können. Psychometrische Tests könnten möglicherweise die stärksten räumlichen Kompetenzen von Architekten ausfindig machen – Kompetenzen, die sie stets als selbstverständlich betrachtet haben. Eine derartige Selbsterkenntnis würde es Architekten eventuell ermöglichen, diese Kompetenzen bewusst auf ausgewählte räumliche Probleme anzuwenden. Damit ließen sich Arbeitsabläufe reibungsloser gestalten, weil mögliche Missverständnisse vermieden werden.

1 Schnitt durch eine Scheibe Zimtbrot. Aus der an der Oberfläche sichtbaren wirbelförmigen Zimtschicht ist nicht erkennbar, wie sich diese Schicht weiter innen in der Brotscheibe fortsetzt. Der durch einen Kreis auf dem oberen Bild angedeutete Bereich der Zimtschicht scheint senkrecht nach innen zu verlaufen, aber im unteren Bild, das eine Scheibe des Zimtbrots zeigt, ist erkennbar, dass dies nicht der Fall ist.

Wie können Menschen mit hoher räumlicher Kompetenz im Gespräch mit Menschen, deren Kompetenzen weniger gut ausgeprägt sind, Verständnisprobleme vermeiden?

Raumvorstellungstests können eine große Bandbreite individueller Unterschiede innerhalb einer Kompetenz aufdecken. Ist man sich dieser Unterschiede bewusst, kann der aufmerksame Planer Missverständnisse umgehen, die zu Fehlern führen könnten. Beispielsweise fällt es einigen Menschen schwer, Schnitte zu erfassen. Ein Grund dafür könnten falsche Annahmen darüber sein, wie Formen im Schnitt dargestellt werden. Bild 1 verdeutlicht einen häufigen Fehler bei der gedanklichen Querschnittsdarstellung. Während es scheint, als verlaufe die wirbelförmige Zimtschicht senkrecht in den Schnitt hinein, zeigt sich beim Anschneiden des Zimtbrots, dass ihre Richtung variiert. Betrachter erliegen einer falschen Vermutung (ähnlich einer optischen Täuschung), die sie annehmen lässt, dass sich Ebenen, die durch die Schnittführung gekreuzt werden, wie die schneckenförmige Zimtschicht in einem Zimtbrot, rechtwinklig nach hinten in den Volumenkörper erstrecken. Obwohl Fachleute, die über Erfahrung mit architektonischen Schnitten verfügen, solch einen Fehler wohl nicht begehen, sind andere wichtige Beteiligte, wie Kunden oder Bauarbeiter, vor diesem Denkfehler nicht gefeit. Insofern sollten sich Fachleute der möglichen Missverständnisse bewusst sein.

Durch welche Art von Training lassen sich die räumlichen Kompetenzen verbessern?

Nun stellt sich der Architekturschaffende die Frage: „Wie kann ich mein räumliches Denkvermögen verbessern?" oder „Wie gut vermittle ich meinen Studierenden/Mitarbeitern das räumliche Denken?" In Studien zum räumlichen Denken mit Studierenden und Fachleuten der Architektur wurden auf jedem Niveau zahlreiche Kompetenzen entdeckt, aber es wurde auch festgestellt, dass sich diese räumlichen Kompetenzen durch Übung verbessern.[4]

4   Uttal, David H., Nathaniel G. Meadow, Elizabeth Tipton, Linda L. Hand, Alison R. Alden, Christopher Warren und Nora S. Newcombe. „The malleability of spatial skills: A meta-analysis of training studies." In *Psychological Bulletin* 139, Nr. 2, 352–402, 2013.

Wenn Architekturstudierende (und Architekten) genauer darüber nachdenken, fällt ihnen vermutlich selbst auf, dass sich ihr räumliches Denkvermögen durch ihre Beschäftigung mit diesem Fachgebiet im Laufe der Zeit verbessert hat. Diese Beobachtungen lassen vermuten, dass alle Architekturschaffenden, von Studienanfängern bis hin zu leitenden Entwurfsplanern, viele Gelegenheiten zur Verbesserung ihrer räumlichen Kompetenzen haben. In jedem Teilbereich des Architekturhandwerks muss Raum gedanklich verändert werden, und psychometrische Tests können eine Anleitung dafür bieten, wie sich diese Kompetenz am besten üben lässt. Da die perfekte psychometrische Testfrage genau so gestellt wird, dass eine räumliche Kompetenz isoliert betrachtet werden kann, ist es auch möglich, durch Training dieser speziellen Kompetenz den zugehörigen „geistigen Muskel" zu stärken.

Welche Fragen und Chancen könnten sich wohl ergeben, wenn man die räumlichen Kompetenzen direkt auf die Arbeit von Architekturschaffenden bezogen untersucht? Ein Architekturstudio an der Harvard Graduate School of Design (Harvard GSD) hat genau dies versucht. Der entsprechende Kurs wurde 2019 von Professorin Jungyoon Kim angeboten und konzentrierte sich auf die Schnittdarstellung. Die Studierenden wollten insbesondere verstehen, welche Schlussfolgerungen für den dreidimensionalen Raum aus Schnitten gezogen werden, um so die individuellen Unterschiede in der Schnittlesekompetenz herauszuarbeiten und zu ermitteln, wie andere Disziplinen neben der Architektur Schnittdarstellungen verwenden. Um das Wesen ihres eigenen Metiers besser begreifen zu können, betrachteten die Kursteilnehmer die Fähigkeit, einen Schnitt zu lesen, als räumliche Kompetenz, die sie fächerübergreifend untersuchten. Generell können Architekten allmählich ihren Elfenbeinturm verlassen, indem sie die Rolle von Übung und Praxis in der Entwicklung räumlicher Kompetenzen anerkennen.

3 Jungyoon Kim, *Diagrammatische und deskriptive Schnitte können wichtige Konzepte auf eine Art und Weise verdeutlichen, wie es durch andere Zeichnungen nicht so einfach möglich ist. In diesem vertikalen Panoramaschnitt ist die räumliche Verteilung aller Akteure in und am Baikalsee in einer einzigen Ansicht dargestellt.* (Studentin: Yeon Angela Choi, MLA 2019 Harvard GSD)

TEST
MATERIAL

RÄUMLICHES VORSTELLUNGSVERMÖGEN TRAINIEREN

Andri Gerber

Aufgrund der Erfahrung, die wir beim Erstellen dieser Tests gewonnenen haben, und durch die Ergebnisse unserer Testdurchläufe kam die Frage auf, wie wir dieses Wissen in die Architektur einbringen könnten. Wie lässt sich etwas, das zum Messen entwickelt wurde, in ein Instrument verwandeln, mit dem die zuvor gemessene Fähigkeit trainiert und verbessert werden kann? Während unser Test dekontextualisiert war, schien es ratsam, die Übungsaufgaben auf reale Beispiele aus der Architektur zu beziehen. In einem ersten Schritt wurden deshalb Gebäude und städtische Strukturen ausgewählt, die exakt zu den unterschiedlichen Aufgaben passten. Sie entstammten sowohl berühmten als auch weniger bekannten historischen Beispielen aus der Architektur und der Stadtplanung, wodurch dieses Buch auch zu einer schönen Sammlung von Referenzobjekten für Architekturstudierende geworden ist. Wir haben beschlossen, neben unseren vier Tests auch noch einen Visualisierungstest mit Querschnitten (Mental Cutting Test) einzufügen, da sich dieser besonders gut für Architekten eignet, und ihn ebenfalls auf unsere Architekturbeispiele anzupassen (Mental Cutting Test, Architecture). Die Beispielprojekte wurden abgewandelt, damit sie den Testanforderungen besser entsprachen, denn Funktionalität wiegt in diesem Zusammenhang stärker als Realität. Doch gleichzeitig durften sie sich nicht zu weit von den architektonischen Originalen entfernen. Darum wurden sie ebenfalls als Volumenkörper wiedergegeben und das Gebäudeinnere „ignoriert" – davon ausgenommen der Indoor Perspective Test. Mit diesem Vorgehen sollten die mentale Belastung und die „Störgeräusche" – so die Bezeichnung in solchen Tests – reduziert werden, damit sich die Probanden auf die relevanten Aspekte konzentrieren konnten. Eines war bei unserer Adaption dennoch unvermeidbar: Durch den engeren Bezug zu architektonischen Referenzobjekten vergrößerte sich die Wahrscheinlich, bestimmte Tests analytisch zu lösen, da automatisch eine größere Anzahl von Hinweisen zur Verfügung stand. Dieses Problem scheint unvermeidbar, wird aber möglicherweise bei künftigen Überarbeitungen der Tests reduziert.

Ich bitte um Verständnis, dass ich die Gelegenheit nutze, von drei persönlichen Anekdoten zu berichten, da sie Aufschluss darüber geben, woher mein Interesse an Raum und psychometrischen Tests rührt und wie es zur Adaption der Tests für dieses Buch kam. Die erste Anekdote führt uns zurück in meine Kindheit, als ich nach einem Schulwechsel einen schrecklichen neuen Lehrer bekam, der mir meine Liebe zur Biologie verleidete und mich zu einem Fall für den Berufsberater machte. Nachdem meine eher durchschnittlichen Fähigkeiten über mehrere Tage geprüft worden waren, stellte sich heraus, dass ich über ein sehr gutes räumliches Vorstellungsvermögen verfüge. Mir wurde daraufhin empfohlen, Forstingenieur-

wesen oder Architektur zu studieren – ich entschied mich für Letzteres. Zu dieser Zeit war schon allgemein bekannt, dass man für Architektur – neben anderen Fähigkeiten – räumliches Vorstellungsvermögen und, wie in meinem Fall, ein Talent fürs Zeichnen besitzen sollte. Die zweite Anekdote erlebte ich während meiner Lehre in einem Architekturbüro in Genf, wo mir mein Chef das 3D-Spiel Tetris auf einem Computer zeigte und mich anwies, so viel wie möglich damit zu spielen, um meinen Raumsinn zu verbessern. Auch hier war ich erstaunt über diesen Weitblick, dass räumliche Vorstellungskraft wichtig ist und durch Spielen ausgebaut werden kann.[1] Und schlussendlich, als ich mit dem Architekturstudium beginnen wollte, schrieb ich mich in Mailand und Florenz ein. An beiden Hochschulen gab es Zulassungsprüfungen, die angeblich jene Bewerber identifizieren sollten, die am ehesten für die Architektenlaufbahn geeignet sind. Der Test in Mailand war rein logisch aufgebaut mit Kartenspielen und dem Identifizieren fehlender Objekte; im Gegensatz dazu fragte man in Florenz lediglich Allgemeinwissen ab. Keine der Prüfungen überzeugte mich davon, dass dies Dinge sind, die ein Architekt wirklich wissen muss – obwohl Allgemeinwissen zweifellos elementar ist – und ich stellte mir die Frage, was einen guten Test ausmachen würde (und ob ein solcher überhaupt nötig sei). Hin und wieder stieß ich auf ähnliche Tests, beispielsweise bei der Aufnahmeprüfung für die École Speciale d'Architecture in Paris, und sie ließen mich jedes Mal an ihrer Nützlichkeit zweifeln. Es gilt zu betonen, dass unser Test nie als Aufnahmeprüfung angedacht war. Aber falls er dazu verwendet wird, sollten noch andere Maßnahmen und Tests durchgeführt werden, um ein ganzheitlicheres Bild der einzelnen Bewerber zu erhalten. Gleichfalls glaube ich, dass unser Test viel aussagekräftiger wäre als jene, die ich bisher selbst absolviert habe. Ähnliche Tests werden in der Schweiz bereits bei der Eignungsprüfung für eine Bauzeichnerlehre eingesetzt, jedoch gibt es bisher kein einheitliches Vorgehen. In der Schweiz ist weder an Architekturhochschulen noch an technischen Hochschulen eine Zulassungsprüfung erforderlich. Vor diesem Hintergrund entstand die Idee, unsere Tests speziell zu Übungszwecken zu nutzen – auch um genau diese Zweckentfremdung als Zulassungsmaterial zu vermeiden.

Im Grunde ist klar, dass Prüfungs- und Übungsmaterialien, die auf grafischer Abstraktion basieren, die haptische Dimension von Architektur und Räumen komplett außer Acht lassen, aber aus unserer Sicht war dieser notwendige Kompromiss unvermeidlich. Die Prüfungs- und Übungsmaterialien decken nur

---

1   Gerber, Andri und Ulrich Götz (Hrsg.). *Architectonics of Game Spaces. The Spatial Logic of the Virtual and Its Meaning for the Real.* Bielefeld: transcript, 2019.

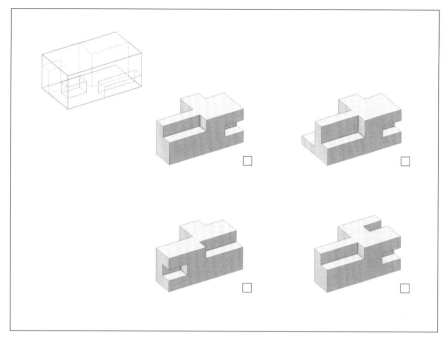

1 Anita Cantieni, Laura Franceschini, Nina Hofmann, Tu Lan,
Negativ- und Positivvolumen, 2019

einen der zahlreichen Aspekte von Architektur ab – diese Tat-sache sollte allen, die damit arbeiten, bewusst sein. Dieses Buch soll die bereits vorhandene Literatur, die Übungsaufga-ben für Prüfungen wie Raumvorstellungstests enthält, ergän-zen und aus diesem Grund haben wir versucht, es weniger wie ein Architekturbuch mit einer komplizierten Cover-Grafik zu präsentieren, sondern vielmehr wie ein Buch, das die Leser-schaft wieder und wieder nutzen kann und das das Gefühl des Eingeschüchtertseins schwinden lässt. Die Dauer des Tests ist festgelegt, aber die Aufgaben wurden so verfasst, dass sie nicht unter Zeitdruck gelöst werden müssen. Für die Bei-spiele in diesem Buch gibt es keine Zeitvorgaben, aber der Fortschritt der Studierenden ist an ihrer schnelleren Bearbei-tungszeit ablesbar und sollte beachtet werden. Beim Lösen der Aufgaben sollte man daher die Zeit erfassen und mit späteren Übungseinheiten vergleichen. Alle Tests sollten ohne Skizzen, Markierungen oder Messen durchgeführt werden – nur rein gedanklich.

Entwicklung neuer Tests mit Studierenden

Parallel zur Erstellung unserer eigenen Tests leitete ich Semi-nare für Studierende der Architektur, in denen die Entwicklung anderer möglicher Tests für das räumliche Vorstellungsvermö-gen von Architekturschaffenden behandelt wurde. Die Studie-renden sollten sich überlegen, welche räumlichen Fähigkeiten ihrer Meinung nach für die Architektur maßgebend sind, und sich darauf aufbauend eigene Tests ausdenken. Zunächst stell-ten wir ihnen unsere Tests vor und besprachen die relevante Literatur zu diesem Thema, bevor sie bestimmte räumliche Fähigkeiten benennen sollten, die sie als wichtig erachteten. Eine Gruppe befasste sich beispielsweise mit den Schwierig-keiten, die Architekturstudierende oft erleben, wenn sie die

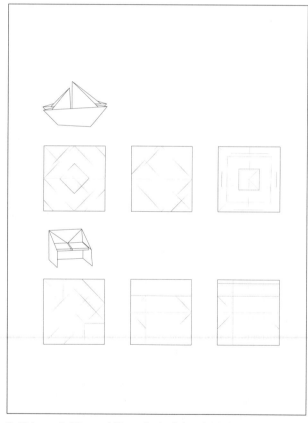

2 Vivienne Galliker und Meret Heeb, *Origami,* 2019

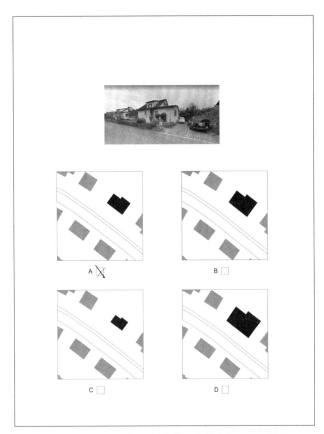

3 Adrienne Enz, Monika Grabski, Céline Ryffel, *Zoomen,* 2019

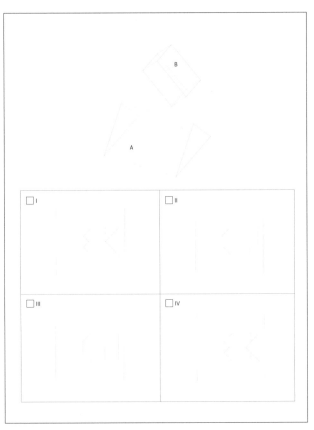

4 Aurore Delory, Tobias Lenggenhager Rebekka Anliker, *Negativvolumen,* 2019

Form für ein Gipsmodell vorbereiten müssen. In ihrem Test gilt es, die Übereinstimmung zwischen einem Negativvolumen, dargestellt als Gitterrahmen, und einem von vier Positivvolumen, dargestellt mit schattierten Oberflächen, festzustellen. Eine andere Gruppe adaptierte einen bereits bestehenden Test, den Paper Folding Test, in dem ein Blatt mit Perforierungen zusammengefaltet dargestellt ist und der Proband die korrekte auseinandergefaltete Version erkennen muss. Die mentale Fähigkeit, den Vorgang des Faltens und Entfaltens nachvollziehen zu können, wurde von den Studierenden um die Idee des Origami erweitert, wodurch eine dreidimensionale Form des gefalteten Objekts entstand.

Die dritte Gruppe arbeitete an einer ganz besonderen architektonischen Herausforderung: die Beziehung zwischen Grundriss und Bild, insbesondere was den korrekten Maßstab angeht. Aus vier Objekten unterschiedlichen Maßstabs muss der Proband das eine heraussuchen, das dem Bild entspricht. In diesem Test geht es folglich nicht darum, die richtige Form aus Grundriss und Bild wiederzuerkennen, sondern die richtige Größe eines Objekts zu ermitteln. Der Maßstab muss darin auf die Größe des Grundstücks und der anderen Gebäude bezogen werden.

Die letzte Gruppe erarbeitete einen extrem aufwendigen und komplizierten Test, in dem sich komplexe Volumenkörper durchdringen. Es werden zwei Volumenkörper gezeigt, dann wird der eine in den anderen eingeschoben und es entsteht ein Negativvolumen. Die Aufgabe besteht nun nicht darin, sich das Negativvolumen als Volumen vorzustellen, sondern den Grundriss dieses neuen Volumens zu erkennen. Auch wenn diese Aufgabe vermutlich zu kompliziert ist und mehr als nur einen gedanklichen Prozess erfordert, bildet sie doch die mentalen Vorgänge in den Köpfen von Architekturschaffenden sehr genau ab.

Dass die Studierenden entscheiden konnten, welche mentalen Fähigkeiten sie selbst als relevant erachteten, und einen entsprechenden Test dafür entwickeln durften, war für sie ein eindringliches Erlebnis. Ihnen wurde damit ermöglicht, Überlegungen zu einem Thema anzustellen, indem sie etwas kreierten. Die Studierenden absolvierten alle Tests ihrer Kollegen und als Kontrollgruppe diente eine Kohorte, bestehend aus Nichtarchitekten. Auch wenn das Ergebnis statistisch nicht relevant ist, schnitten die Architekten in allen Tests besser ab als die Kontrollgruppe. Für die Studierenden war es eine sehr bereichernde Erfahrung, die reale Anwendung ihrer Arbeit zu beobachten und durch die Statistik – bei aller gebotenen Vorsicht – bestätigt zu bekommen, dass die Annahmen unserer Gruppe zutreffend waren.

Ich hoffe, dieses Buch hat denselben Effekt.

In diesem Test sehen Sie einen städtischen Raum in axonometrischer Darstellung. Stellen Sie sich vor, Sie stehen auf den Punkten „A" und „B" auf dem Boden, und entscheiden Sie nun, welcher Blick sich Ihnen von diesen beiden Punkten aus bietet. Sie müssen aus vier möglichen Perspektiven auswählen. Alle Perspektiven sind korrekte Darstellungen, aber nur eine entspricht dem Blick von Punkt „A" und eine dem Blick von Punkt „B".

Versuchen Sie, folgendes Beispiel zu lösen, das auf einem Projekt des spanischen Architekten Ricardo Bofill basiert:

Ricardo Bofill, *Les arcades du lac,* Saint-Quentin-en-Yvelines, 1982

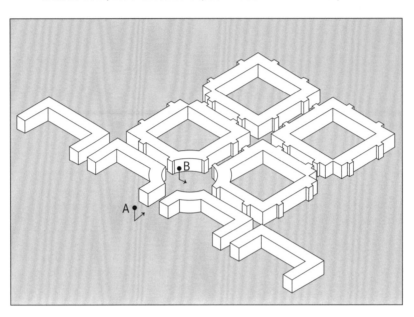

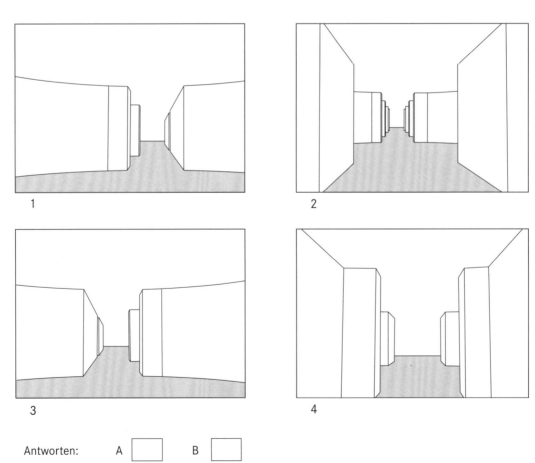

1

2

3

4

Antworten: A ☐ B ☐

Punkt „A" entspricht Perspektive 2. Punkt „B" entspricht Perspektive 1. Die Perspektive 3 entspricht Punkt 3 im nachstehenden Grundriss. Die Perspektive 4 entspricht Punkt 4 im nachstehenden Grundriss. Es entspricht jeweils nur eine Perspektive dem Punkt „A" und „B".

Ricardo Bofill, *Les arcades du lac,* Saint-Quentin-en-Yvelines, 1982

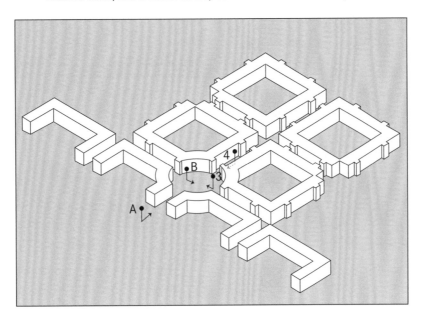

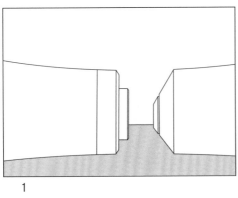

1

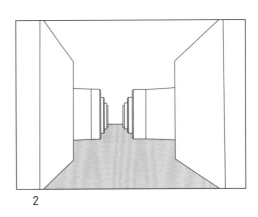

2

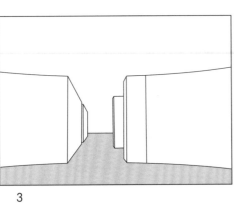

3

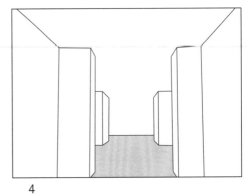

4

Antworten: A 2 B 1

Francesco di Giorgio Martini, *Idealstadt,* ca. 1478

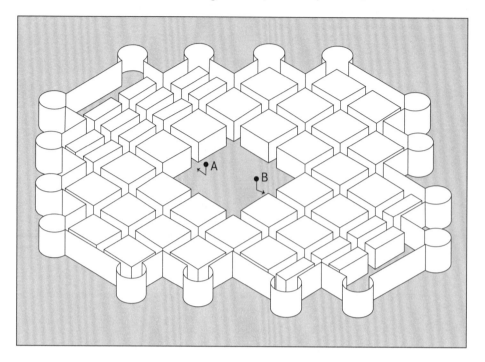

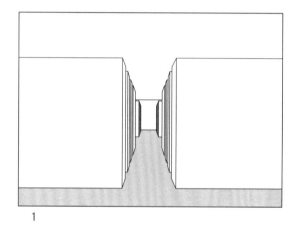

1

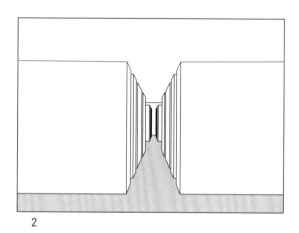

2

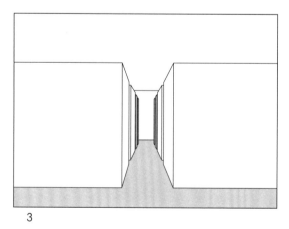

3

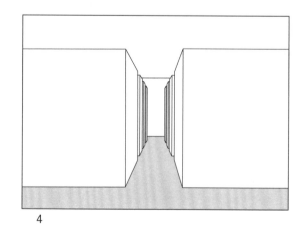

4

Antworten: A ☐   B ☐

Aldo Rossi, *Cimitero San Cataldo,* Modena, 1971–84

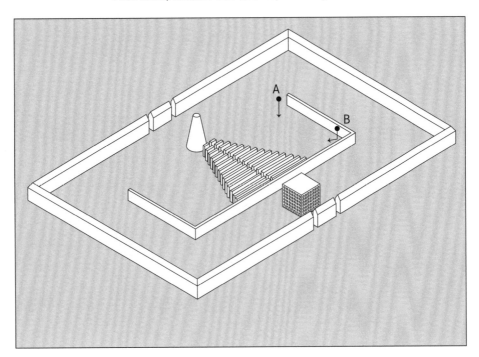

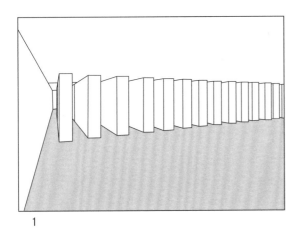

1

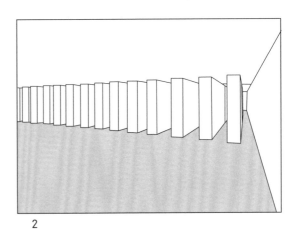

2

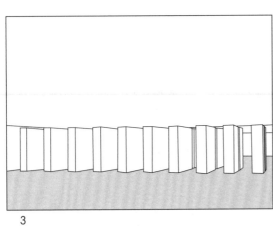

3

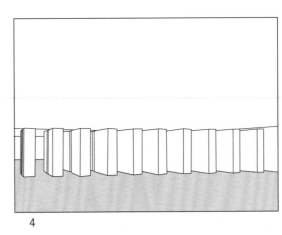

4

Antworten: A ☐ B ☐

Vincenzo Scamozzi, *Idealstadt,* 1615

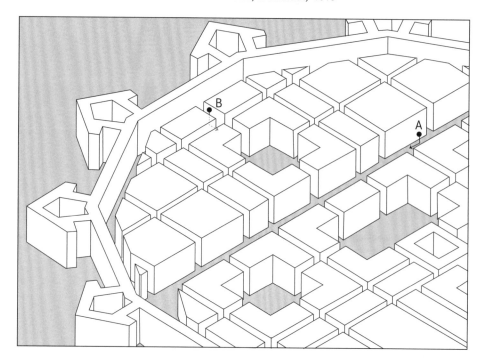

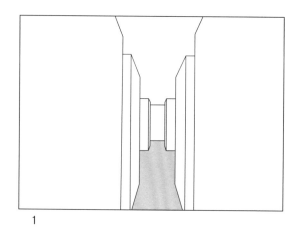

1

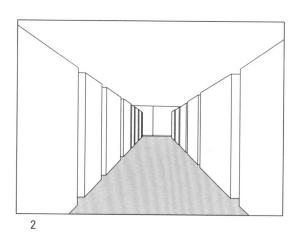

2

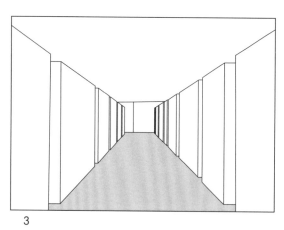

3

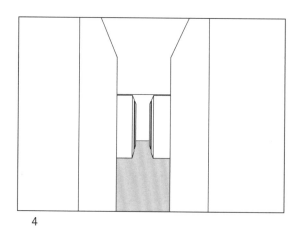

4

Antworten: A ☐   B ☐

Martin Wagner, Bruno Taut, *Siedlung Lindenhof,* Berlin, 1918

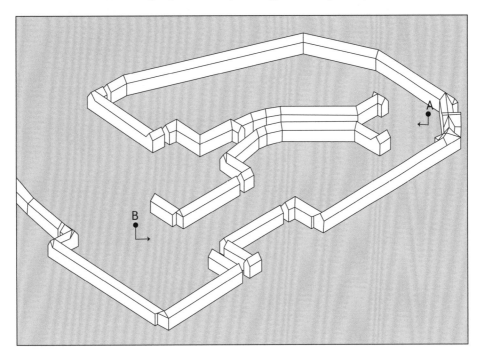

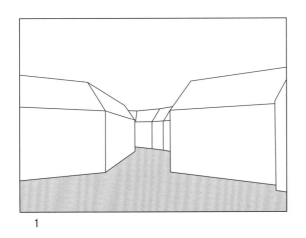

1

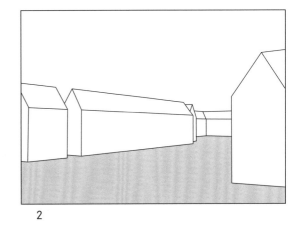

2

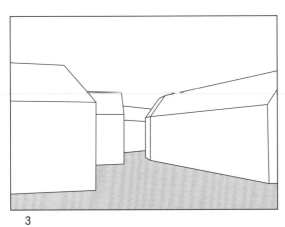

3

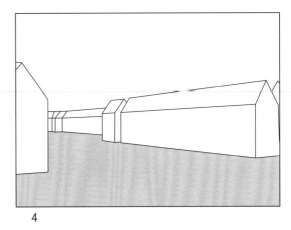

4

Antworten: A [   ]   B [   ]

Villa d'Este, Rom, ca. 1572

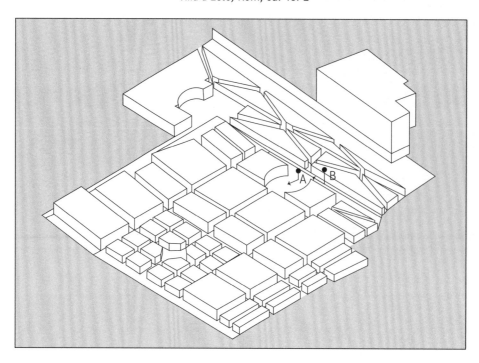

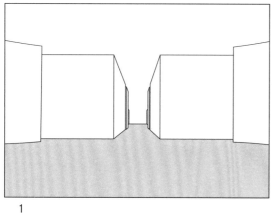

1

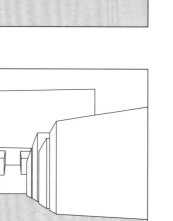

3

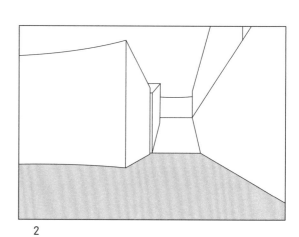

2

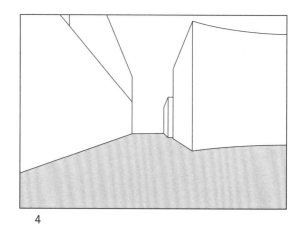

4

Antworten: A ☐   B ☐

Lina Bo Bardi, *SESC – Fabrica da Pompeia,* São Paulo, 1986

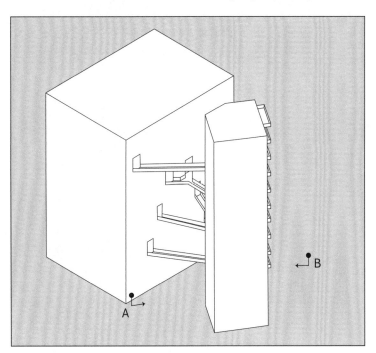

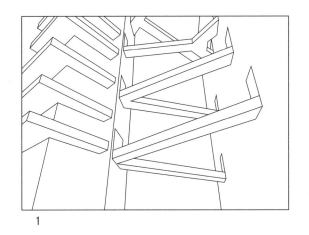

1

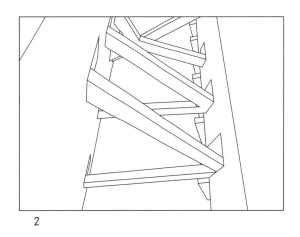

2

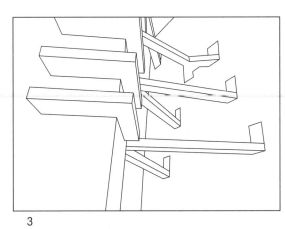

3

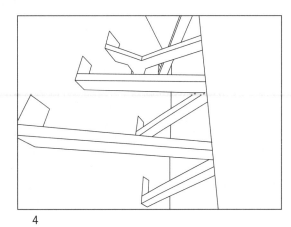

4

Antworten: A [   ]   B [   ]

Çatalhöyük, Türkei, ca. 7500–5700 v. Chr.

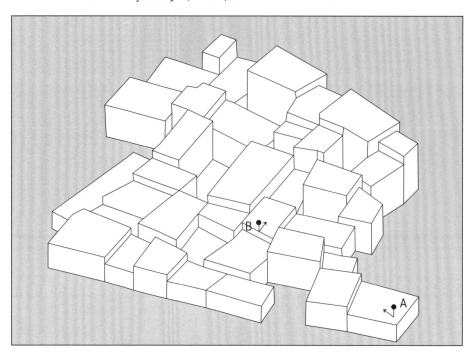

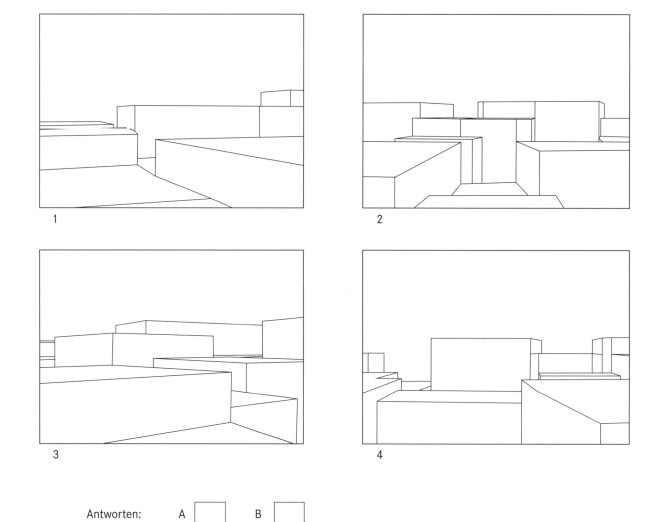

1

2

3

4

Antworten:　　A ☐　　B ☐

Jacques I. Androuet du Cerceau, *Projet pour une place sur le pont neuf,* ca. 1578

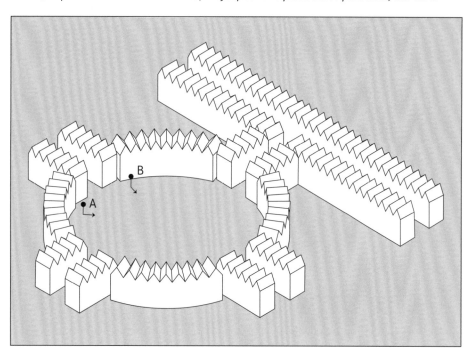

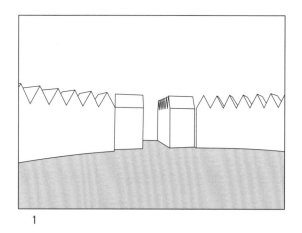

1

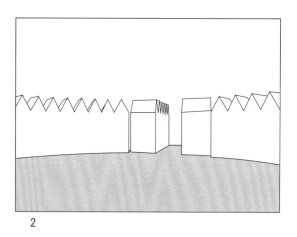

2

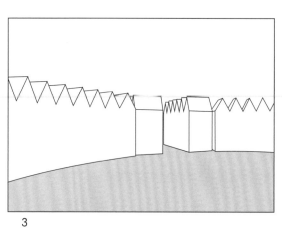

3

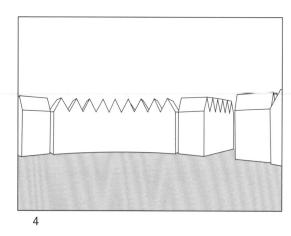

4

Antworten: A [   ]   B [   ]

Steven Holl, *Spatial retaining Bars,* Phoenix, 1989

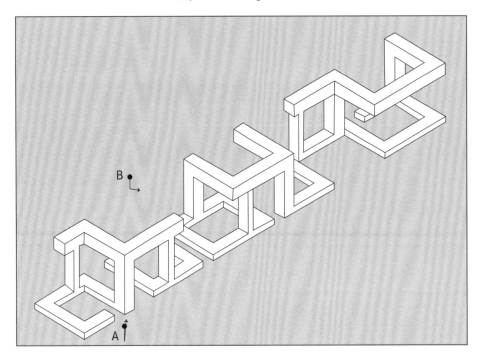

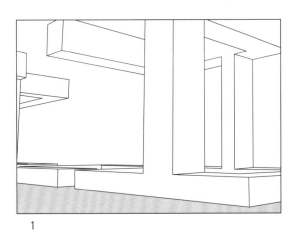

1

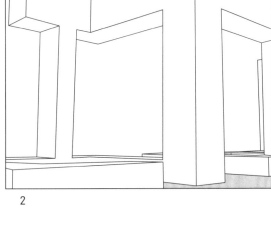

2

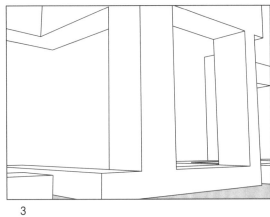

3

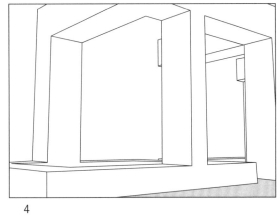

4

Antworten: A [   ] B [   ]

Le Corbusier, *Ville contemporaine pour 3 millions d'habitants,* 1922

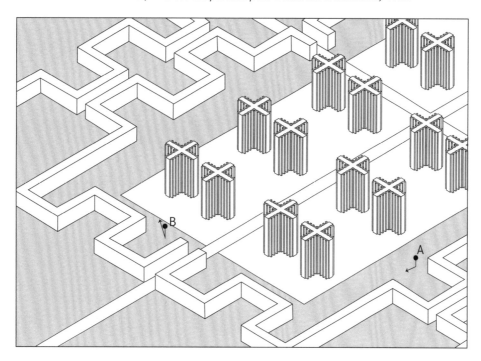

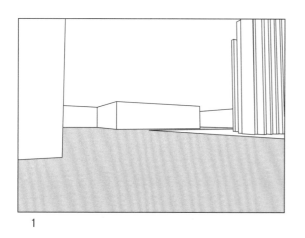

1

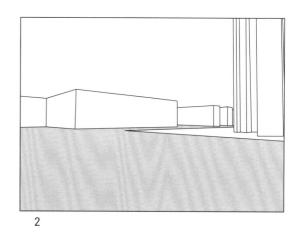

2

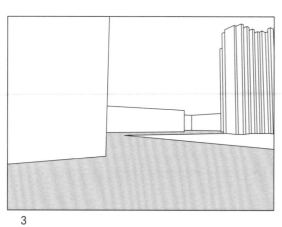

3

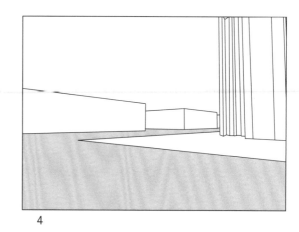

4

Antworten: A [ ]   B [ ]

Alcide Mathieu, *Plan idéal d'une capitale modèle,* 1880

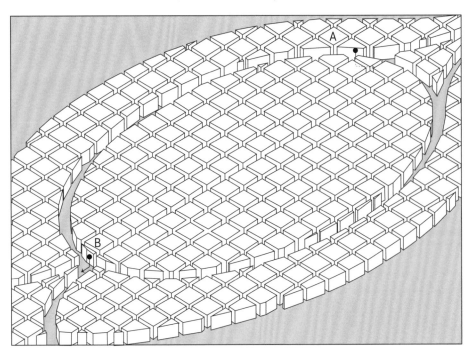

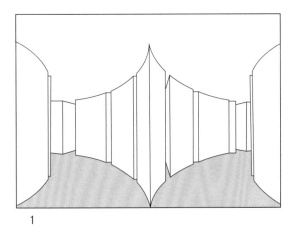

1

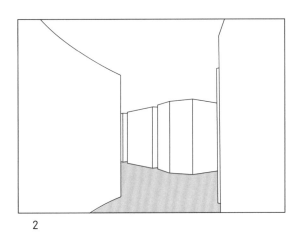

2

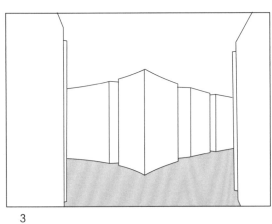

3

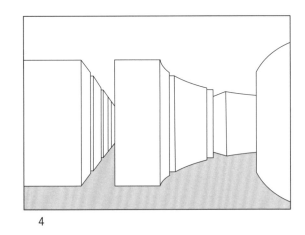

4

Antworten: A ☐   B ☐

Christopher Wren, *Plan for Rebuilding the City of London after the Great Fire,* 1666

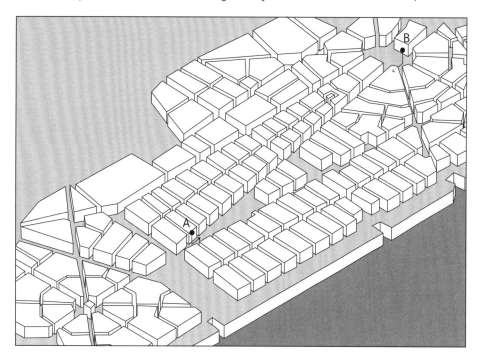

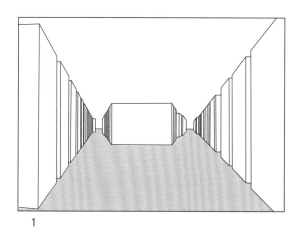

1

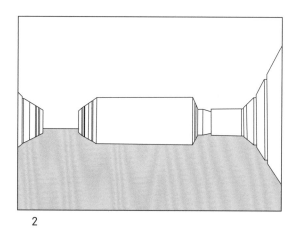

2

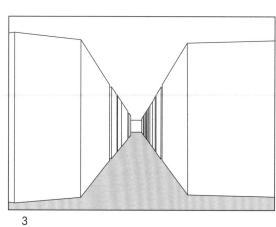

3

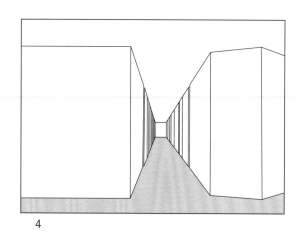

4

Antworten: A ☐ B ☐

Hubert Ritter, *Rundling,* Leipzig, 1930

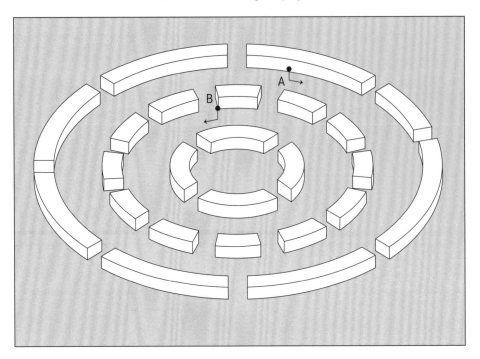

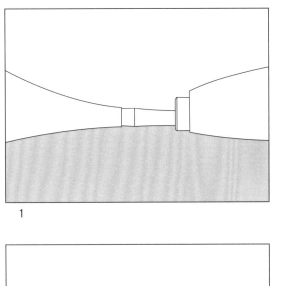

1

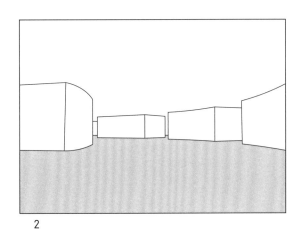

2

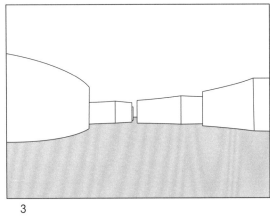

3

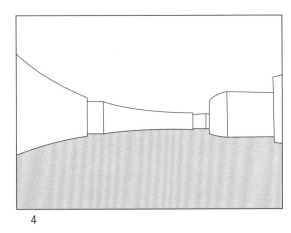

4

Antworten: A ☐   B ☐

Ildefonso Cerdà, *Erweiterung von Barcelona,* 1859

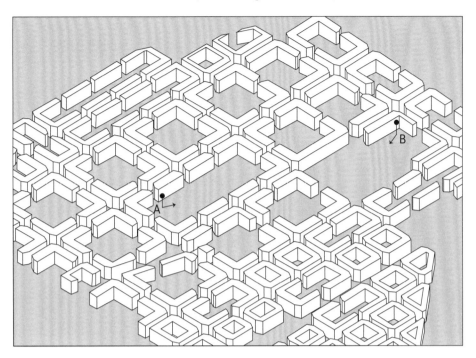

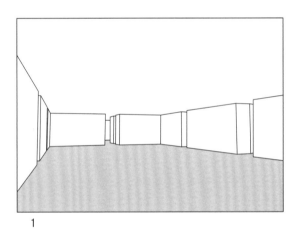

1

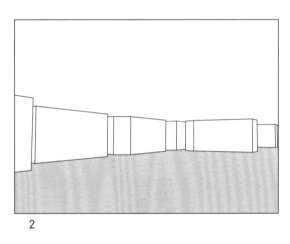

2

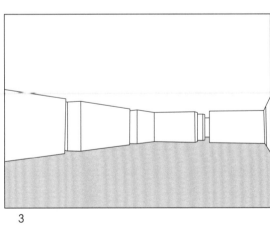

3

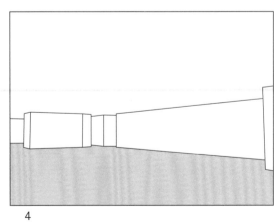

4

Antworten: A ☐   B ☐

Émile Aillaud, *La Grande Borne,* Essonne, 1972

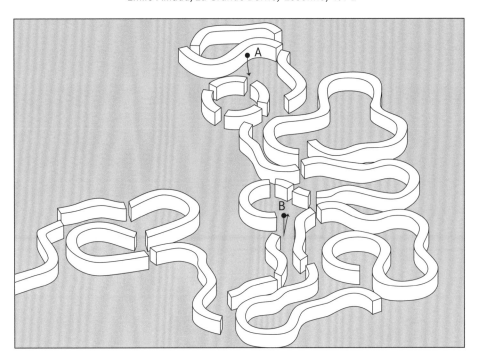

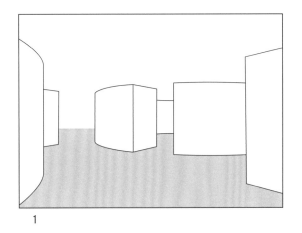

1

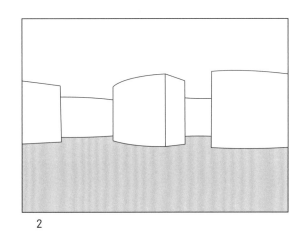

2

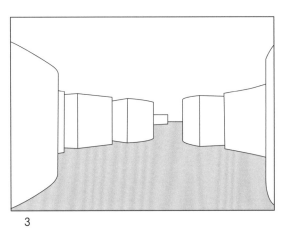

3

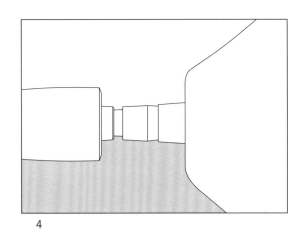

4

Antworten: A ☐   B ☐

In dieser Übung sehen Sie einen Volumenkörper in axonometrischer Darstellung aus zwei unterschiedlichen Blickwinkeln. Stellen Sie sich vor, Sie befänden sich innerhalb des Volumens, und wählen Sie die richtige Ansicht aus. Der erste der beiden Buchstaben gibt die Position des Betrachtenden an und der zweite Buchstabe die Richtung, in die geblickt wird.

Sie müssen aus vier möglichen Perspektiven auswählen, wobei nur eine der korrekten Position und Blickrichtung entspricht. Die falschen Antworten gehören zu Perspektiven, die von anderen Punkten innerhalb des Volumenkörpers zu sehen sind.

Louis Kahn, *Fischer House,* Pennsylvania, 1967

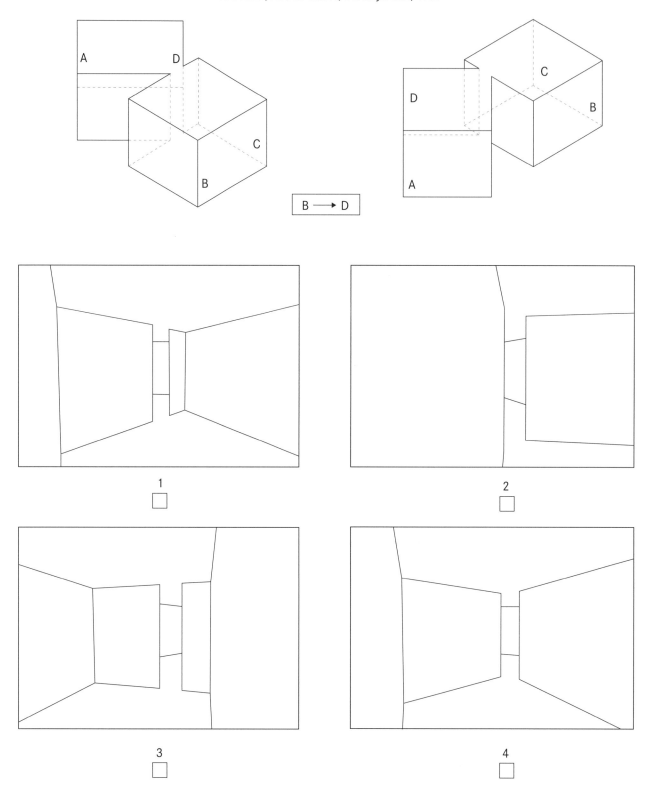

Die richtige Antwort ist 1. Nur diese Darstellung bildet ab, was Sie sehen, wenn sie auf B stehen und in Richtung D blicken. Bei Antwort 2 würden Sie auf D stehen und in Richtung B blicken.

Bei Antwort 3 würden Sie auf C stehen und in Richtung A blicken. Bei Antwort 4 würden Sie auf A stehen und in Richtung C blicken.

Louis Kahn, *Fischer House,* Pennsylvania, 1967

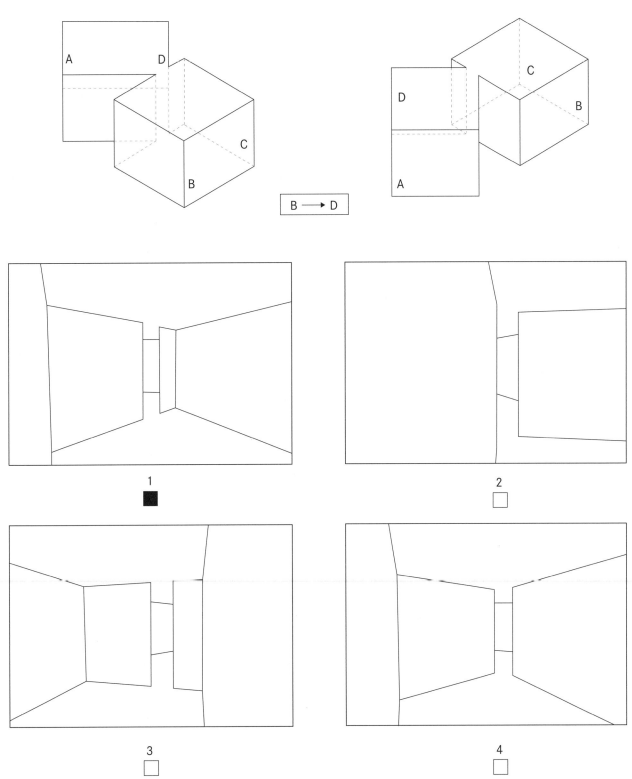

Robert Venturi, *Lieb House,* New Jersey, 1967

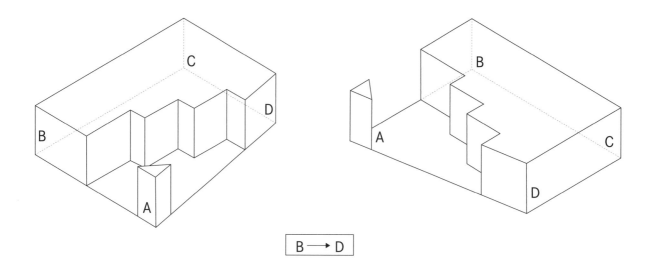

B ⟶ D

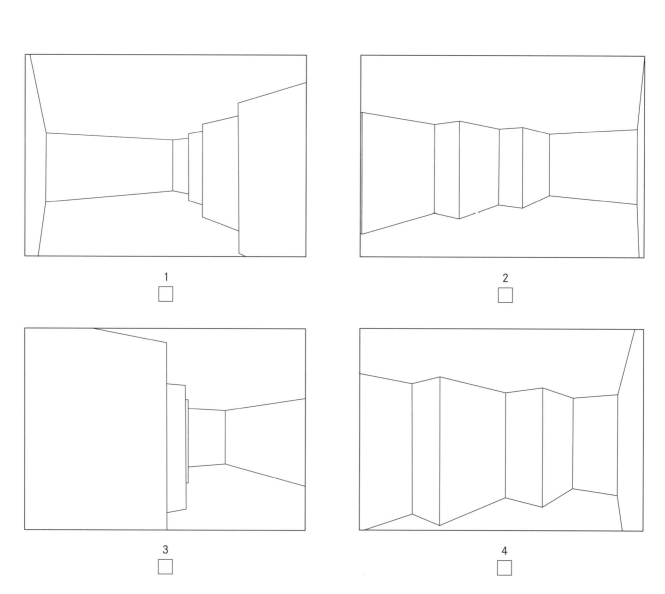

1

2

3

4

Valerio Olgiati, *Schule in Paspels,* Domleschg, 1998

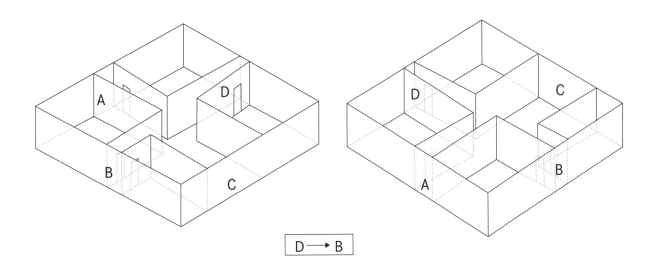

D ⟶ B

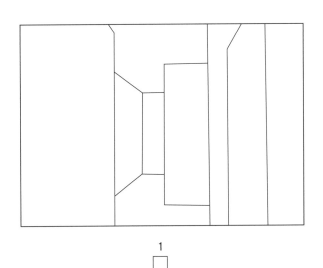

1

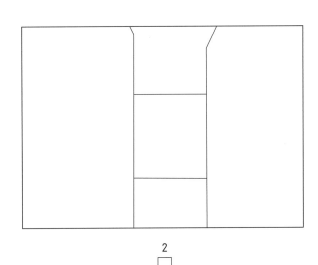

2

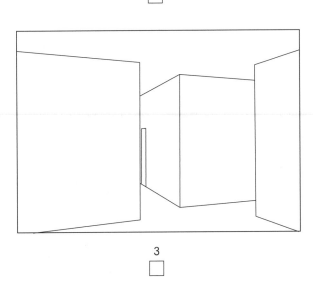

3

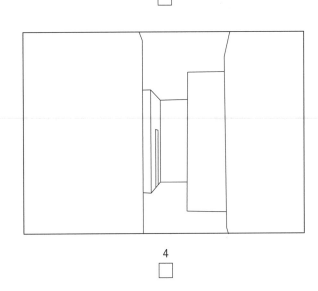

4

Gunnar Asplund, *Summer house,* Stennäs, 1937

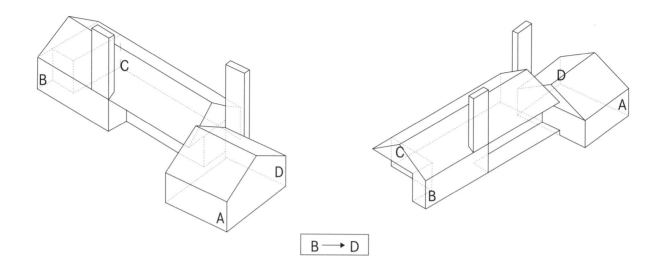

B ⟶ D

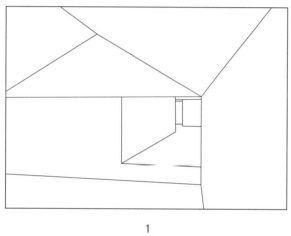

1
☐

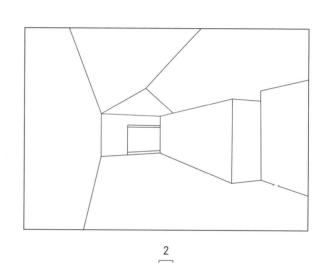

2
☐

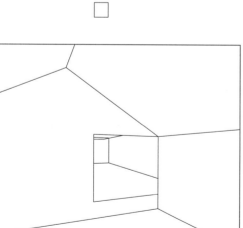

3
☐

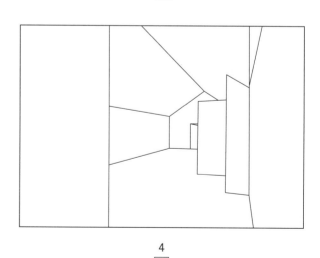

4
☐

Peter Zumthor, *Thermen Vals,* Vals, 1998

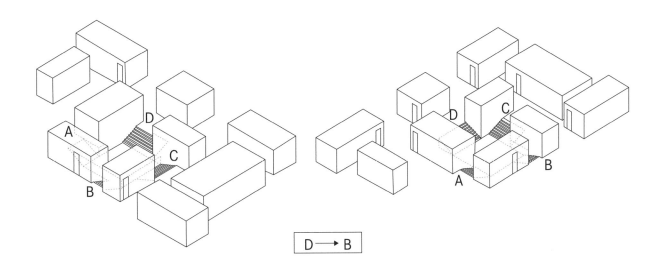

D ⟶ B

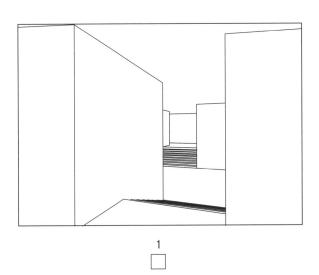

1
☐

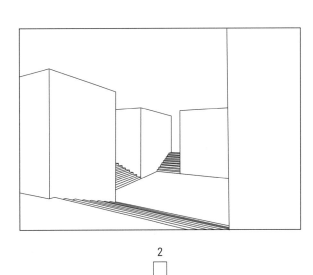

2
☐

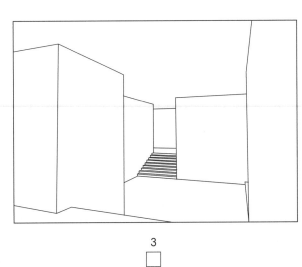

3
☐

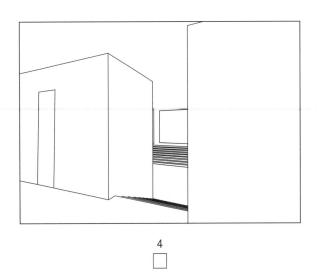

4
☐

Álvaro Siza, *Saint-Jacques-de-la-Lande,* Rennes, 2018

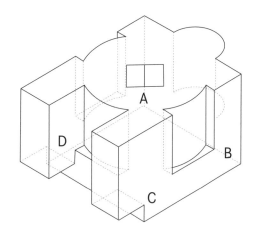

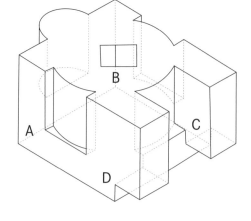

C ⟶ A

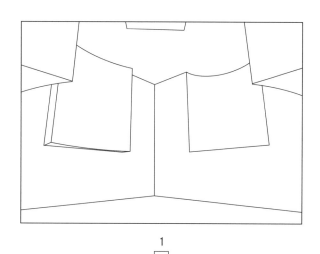

1

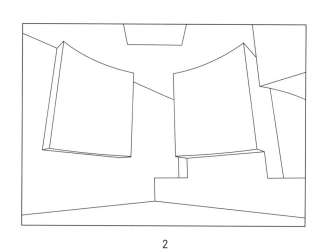

2

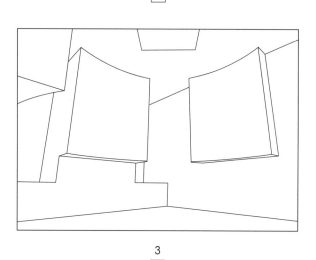

3

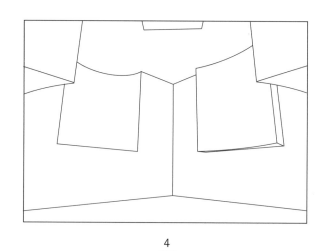

4

Myron Goldfinger, *Goldfinger House,* Waccabuc, NY, 1970

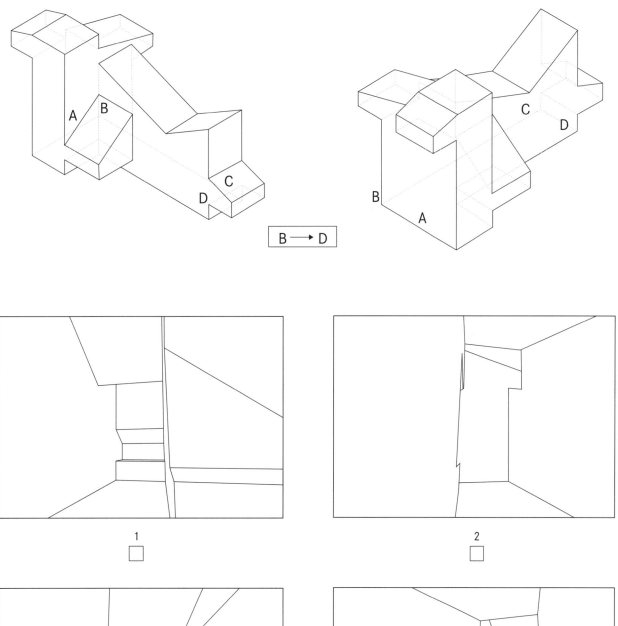

B —→ D

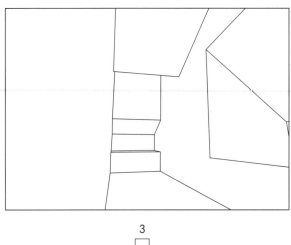

1 ☐

2 ☐

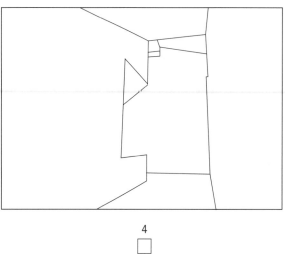

3 ☐

4 ☐

Valerio Olgiati, *Villa Além,* Portugal, 2014

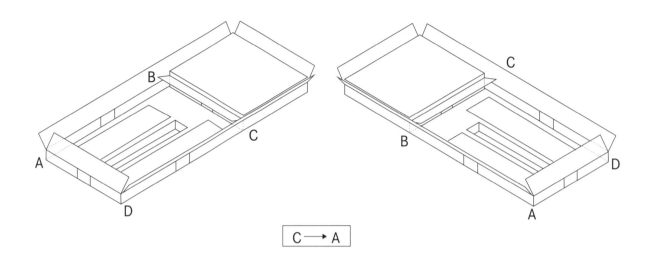

C ⟶ A

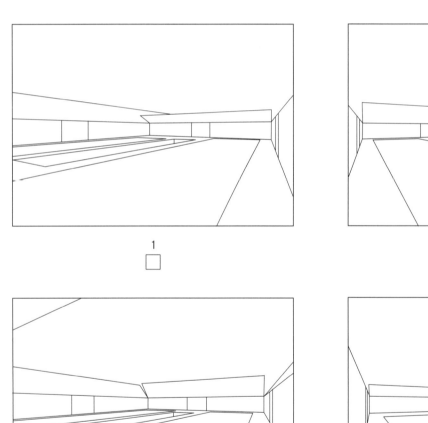

1 ☐

2 ☐

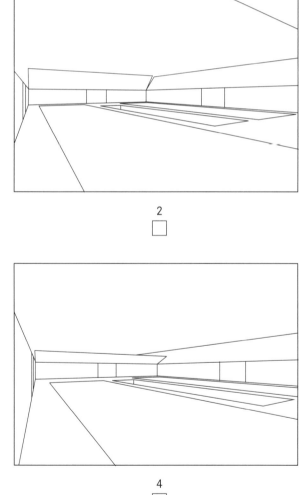

3 ☐

4 ☐

Louis Kahn, *Jewish Community Center,* New Jersey, 1959

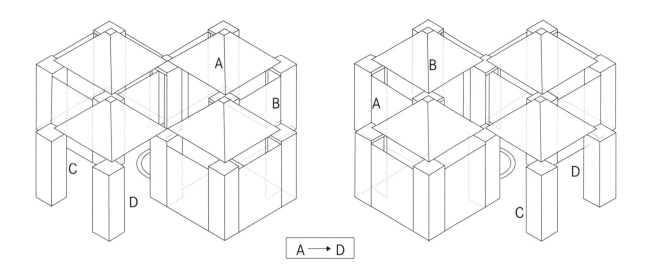

A ⟶ D

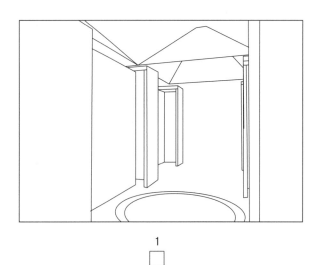

1

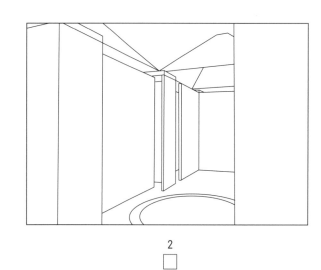

2

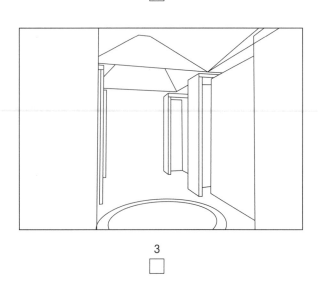

3

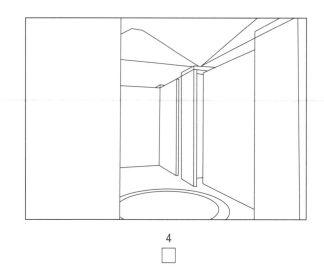

4

Rem Koolhaas, *CCTV – Headquarters,* Peking, 2012

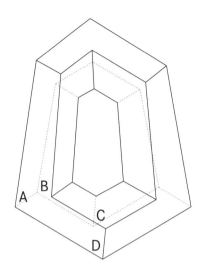

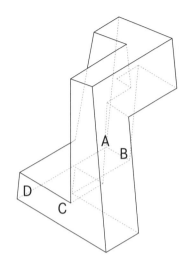

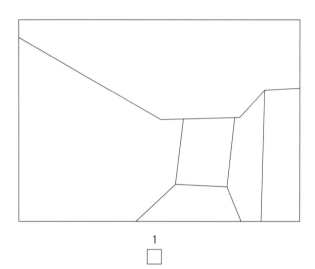

1

☐

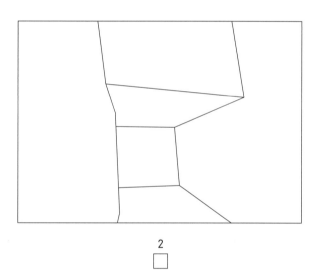

2

☐

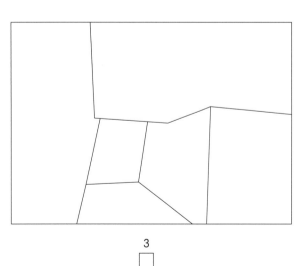

3

☐

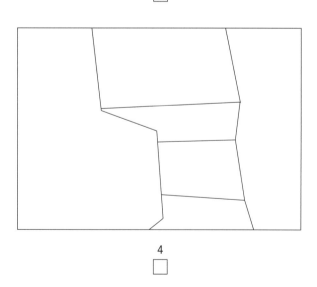

4

☐

Kazuo Shinohara, *Tanikawa House,* 1974

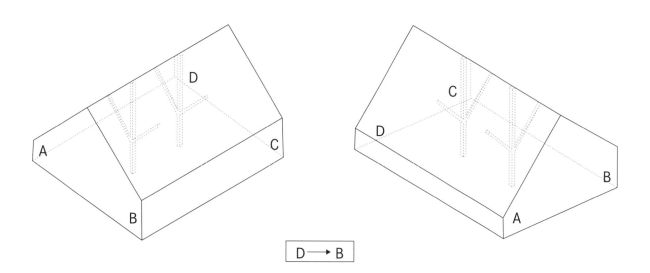

D ⟶ B

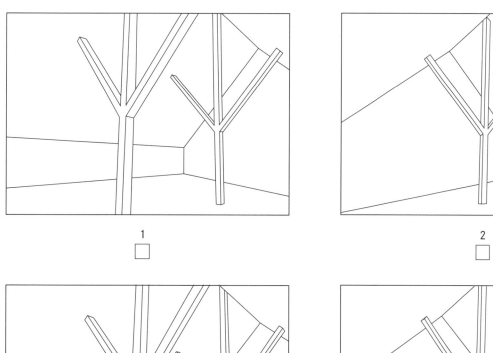

1

2

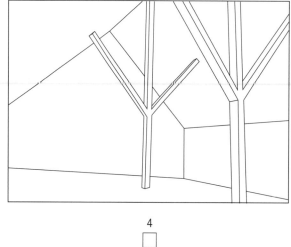

3

4

Frank Gehry, *Guest House Winton,* Minnesota, 1987

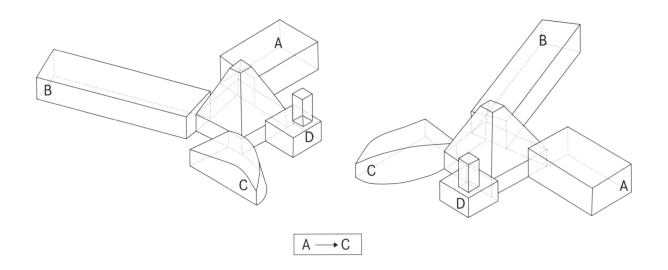

A ⟶ C

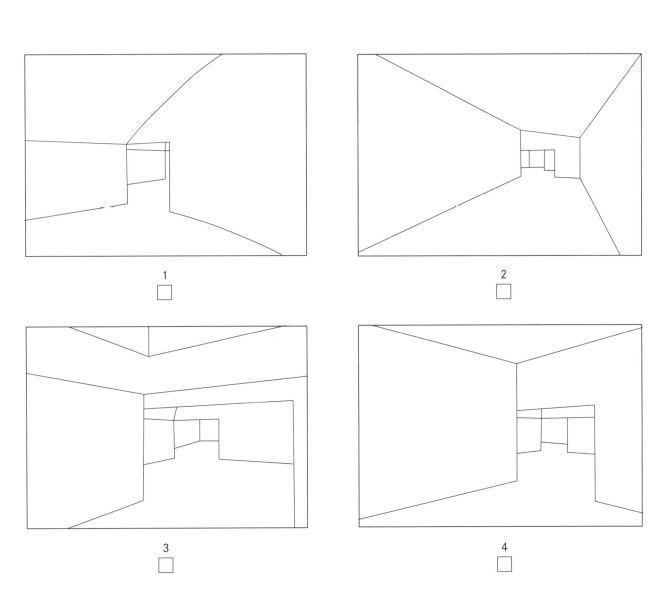

1

2

3

4

Agustín Hernández, *Architectural Office,* Mexiko-Stadt, 1975

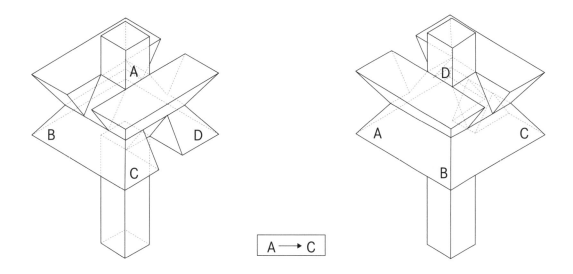

A ⟶ C

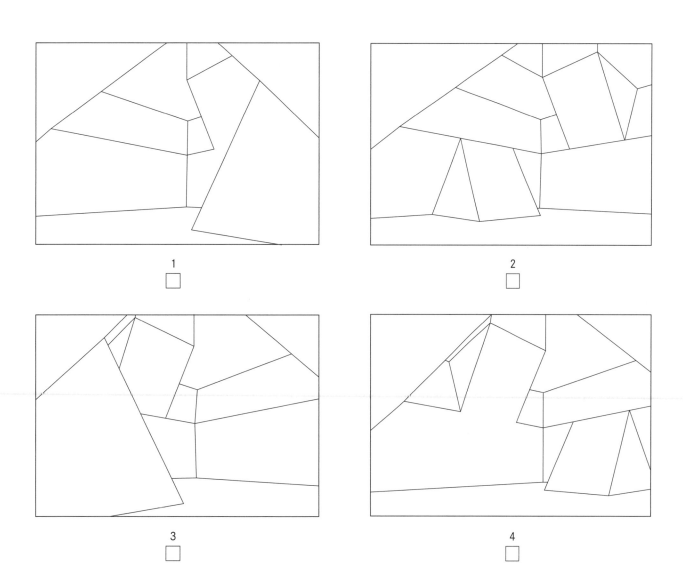

1

2

3

4

Iseppi-Kurath, *Viamala Raststätte,* Thusis, 2008

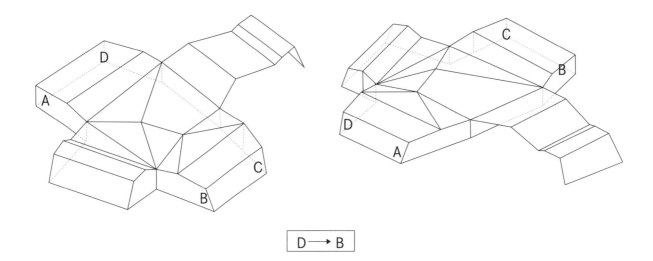

D ⟶ B

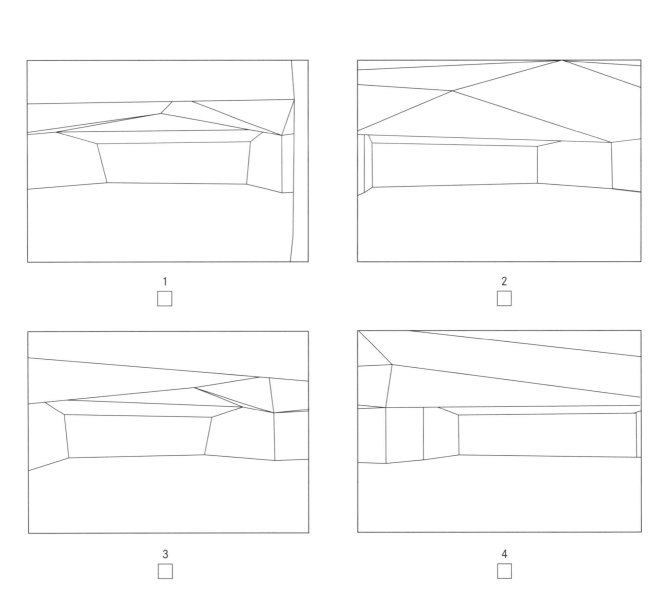

1

2

3

4

Toyo Ito, *Tama Art University library,* Tokio, 2007

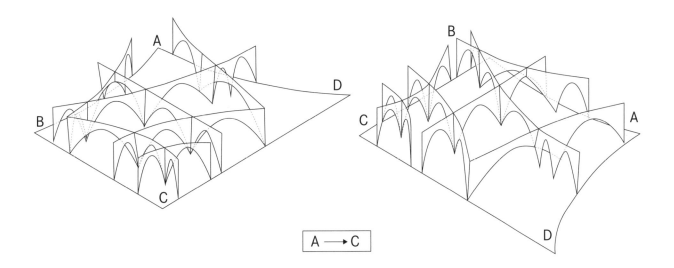

A ⟶ C

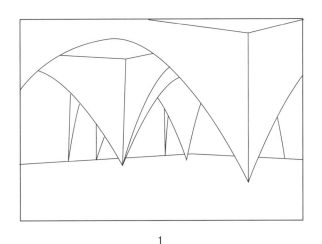

1

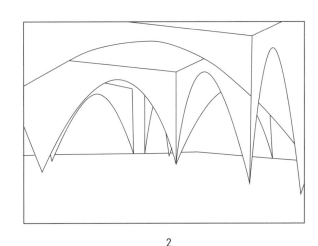

2

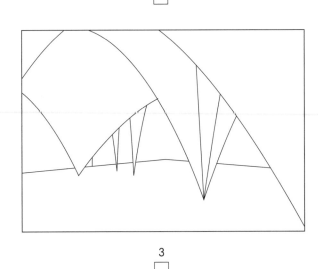

3

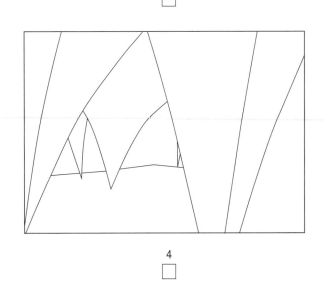

4

Pezo von Ellrichshausen, *Svara Pavilion,* Venedig, 2016

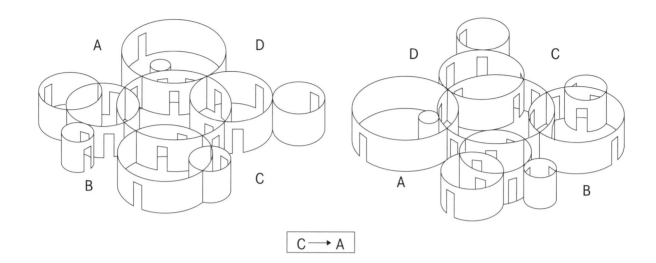

C ⟶ A

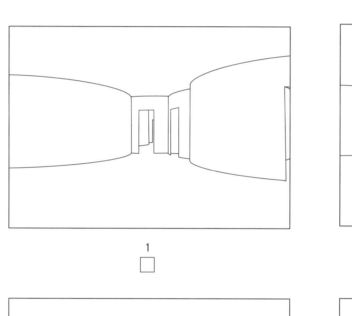

1 ☐

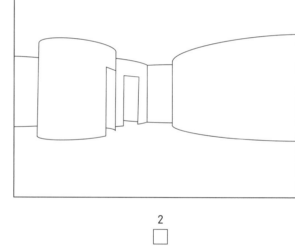

2 ☐

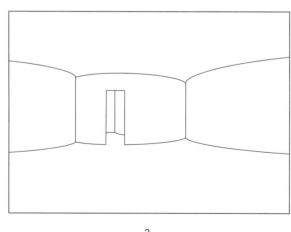

3 ☐

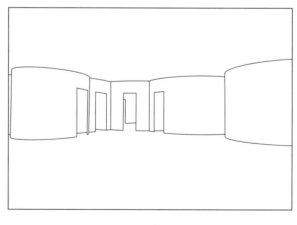

4 ☐

In diesem Test müssen Sie ermitteln, ob eine bestimmte Menge kleiner Objekte in ein anderes größeres Objekt (Zielobjekt) gepackt werden kann. Die kleineren Objekte müssen exakt in das größere Objekt passen, sodass kein Leerraum verbleibt. Beachten Sie, dass das größere Objekt nur durch gedankliches „Verschieben" der kleineren Formen in verschiedene Richtungen entsteht, nicht durch „Rotieren". Nachfolgend werden Sie gefragt, welcher aus den vier gegebenen Sätzen von Objekten in das Zielobjekt passt.

Das Zielobjekt hat nicht denselben Maßstab wie die vier Antwortoptionen.
Schauen Sie sich folgendes Beispiel an. Welche dieser Formen lässt sich aus dem Satz kleinerer Objekte, der oben abgebildet ist, zusammensetzen? Markieren Sie die Antwort, die Ihrer Meinung nach richtig ist.

pool Architekten, *Wohnsiedlung Leimbachstrasse,* Zürich, 2005

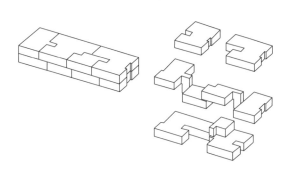

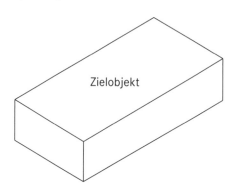

Zielobjekt

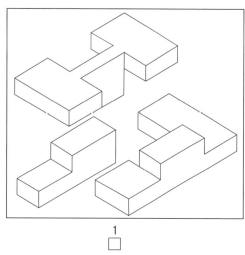

1
☐

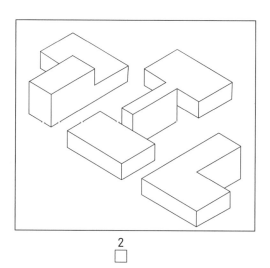

2
☐

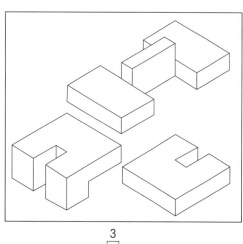

3
☐

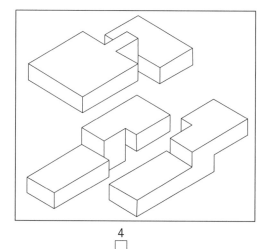

4
☐

Die richtige Antwort ist 2. Nur die drei Objekte in Antwort 2 können das große Objekt vollständig ausfüllen.

Die drei Objekte in Antwort 1 reichen über die Umrisse des Zielobjekts hinaus (zu groß). Die drei Objekte in Antwort 3 füllen das Zielobjekt nicht vollständig aus (zu klein). Die drei Objekte in Antwort 4 überlappen (Kollision).

In den Beispielen auf den nächsten Seiten müssen jeweils drei bzw. vier Teile zusammengefügt werden.

pool Architekten, *Wohnsiedlung Leimbachstrasse,* Zürich, 2005

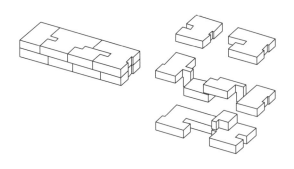
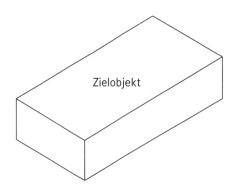

Zielobjekt

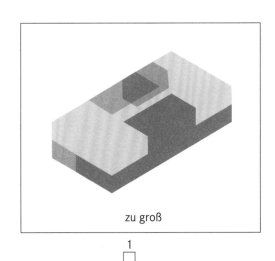

zu groß

1

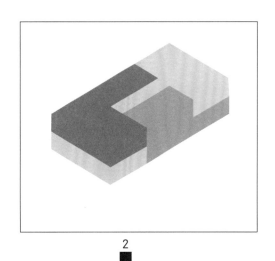

2
■

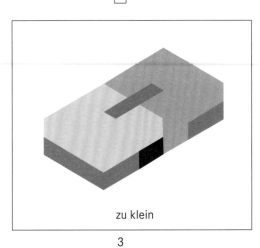

zu klein

3

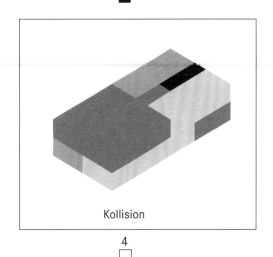

Kollision

4

MVRDV, *Silodam,* Amsterdam, 2003

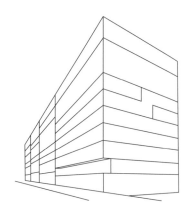

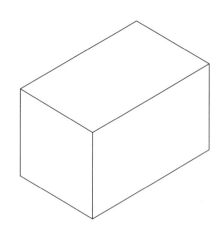

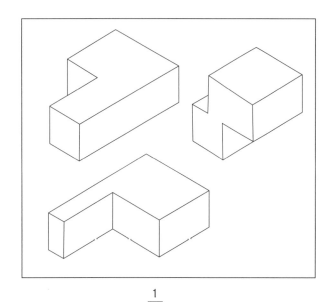

1
☐

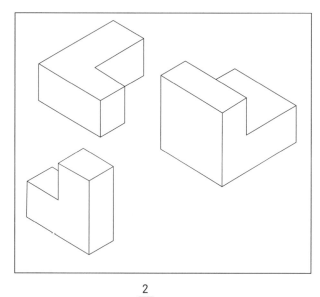

2
☐

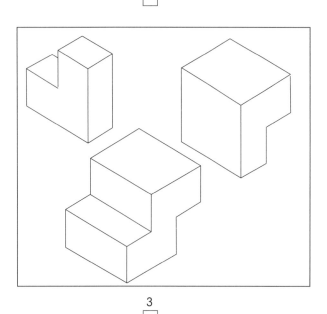

3
☐

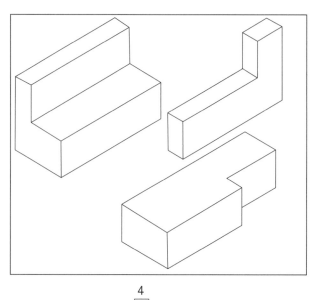

4
☐

Mario Botta, *Casa Medici,* Stabio, 1982

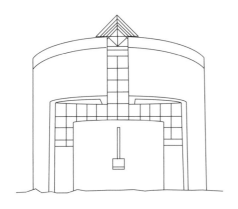

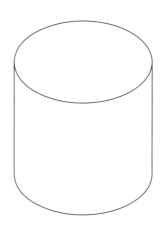

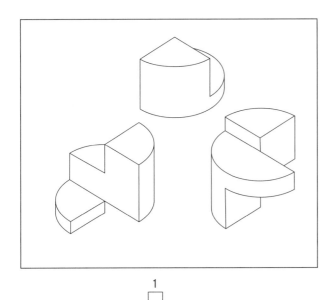

1

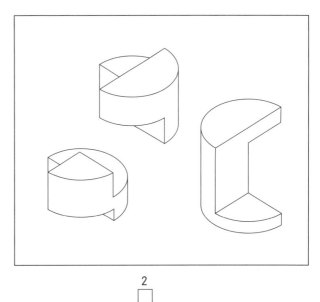

2

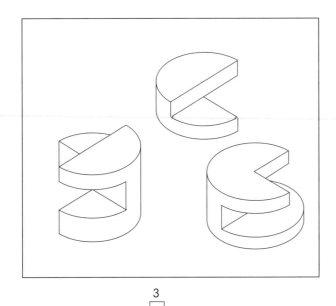

3

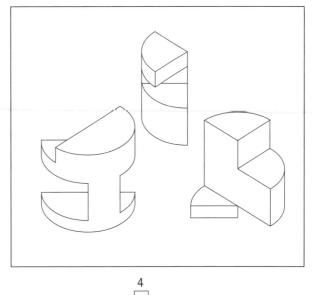

4

Kazuyo Sejima, *Kitagata Apartment Building,* Gifu, 2000

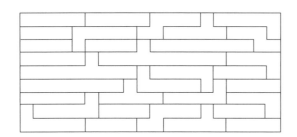

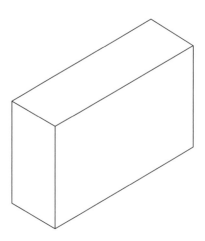

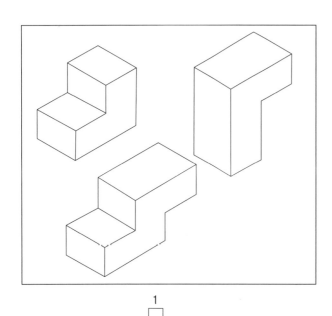

1

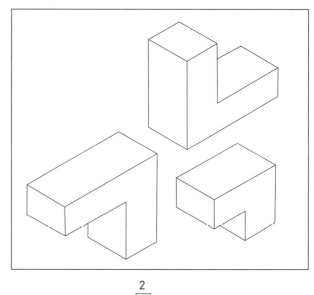

2

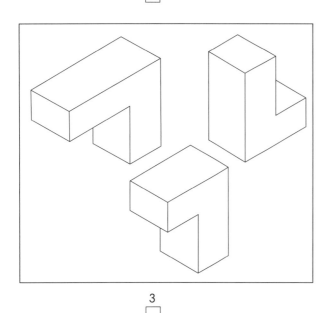

3

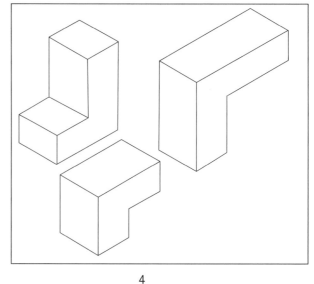

4

Adolf Loos, *Haus Tristan Tzara,* Paris, 1926

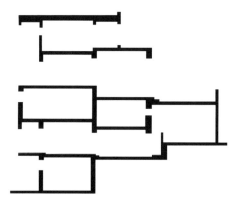

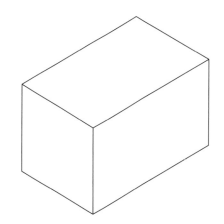

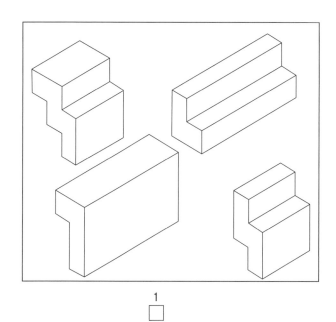

1
☐

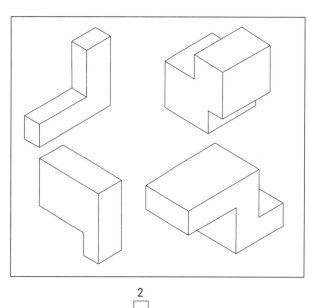

2
☐

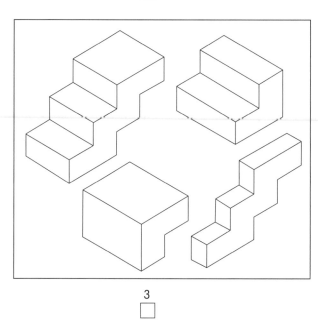

3
☐

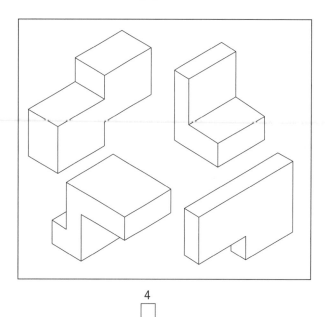

4
☐

Walter Gropius, Fred Forbàt, *Baukasten im Großen,* Dessau, 1923

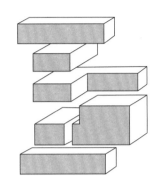

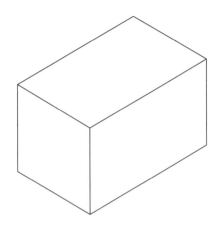

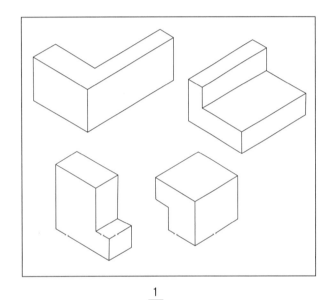

1
☐

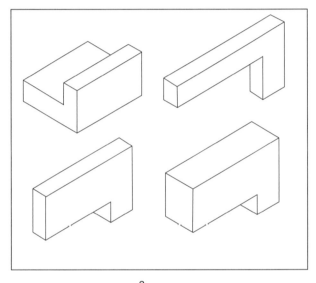

2
☐

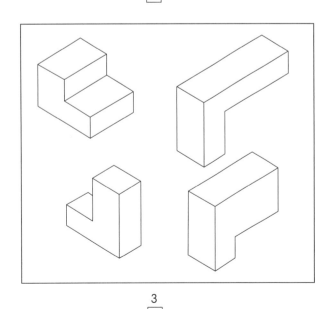

3
☐

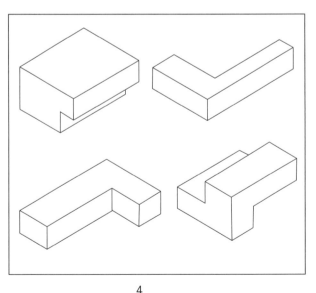

4
☐

Sou Fujimoto, *Final Wooden House,* Kumamoto, 2006

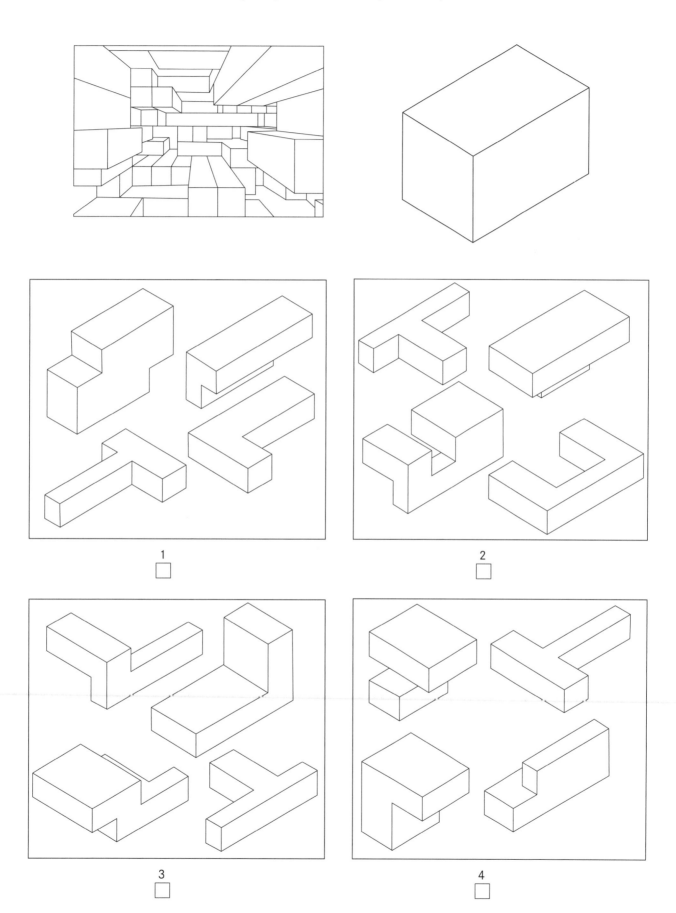

1 ☐

2 ☐

3 ☐

4 ☐

Claude Parent/Paul Virilio, *Maison Mariotti,* Saint-Germain-en-Laye, 1970

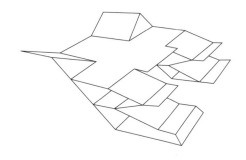

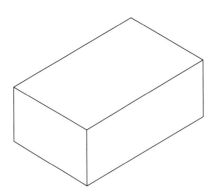

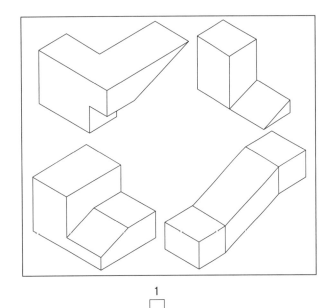

1
☐

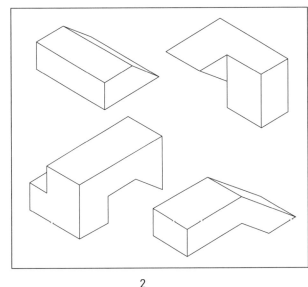

2
☐

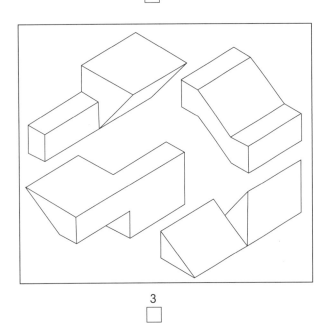

3
☐

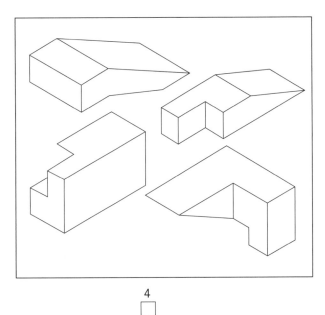

4
☐

Raimund Abraham, *Haus für Musiker,* Hombroich, 1999

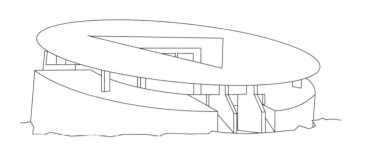

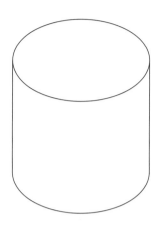

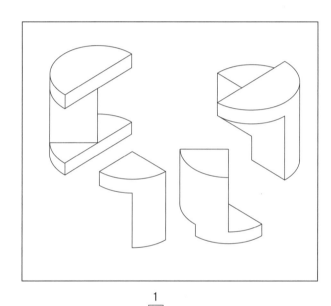

1 ☐

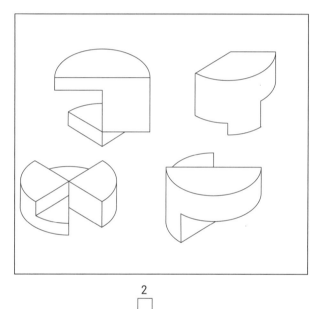

2 ☐

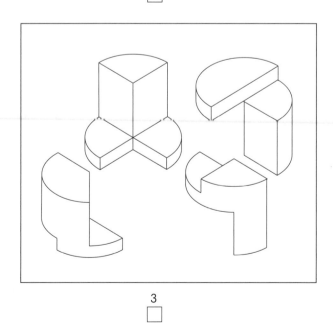

3 ☐

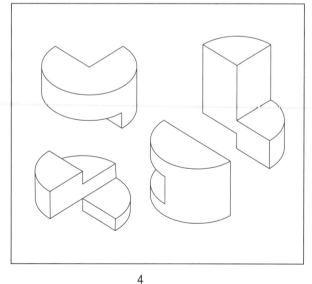

4 ☐

HHF/BIG, *Puzzle House,* Denmark, 2019

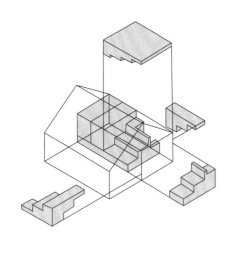

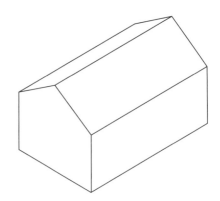

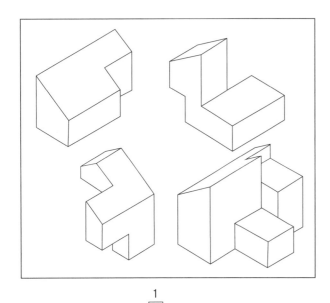

1 ☐

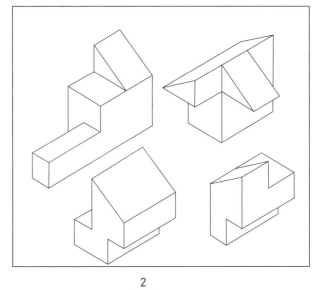

2 ☐

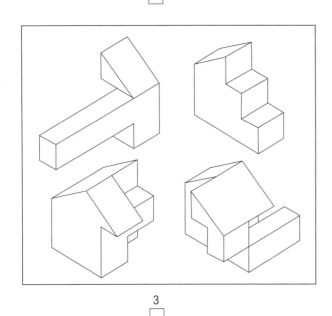

3 ☐

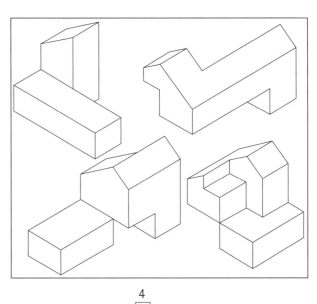

4 ☐

Paul and Blanche Mahlberg/Bruno Taut, *Dandanah,* 1920

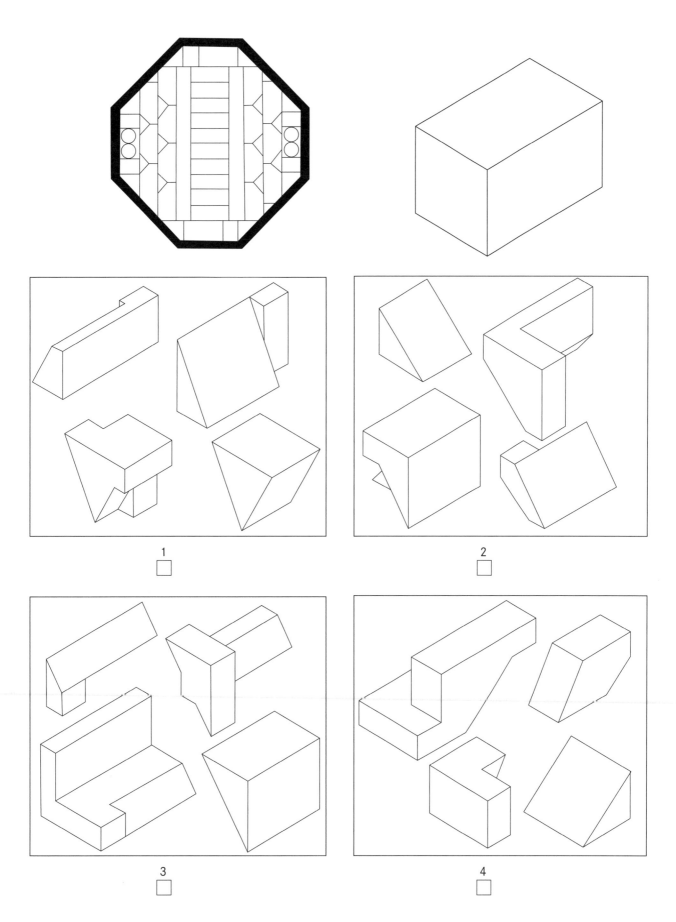

1 ☐

2 ☐

3 ☐

4 ☐

Daniel Libeskind, *V & A Museum Extension,* London, 2002

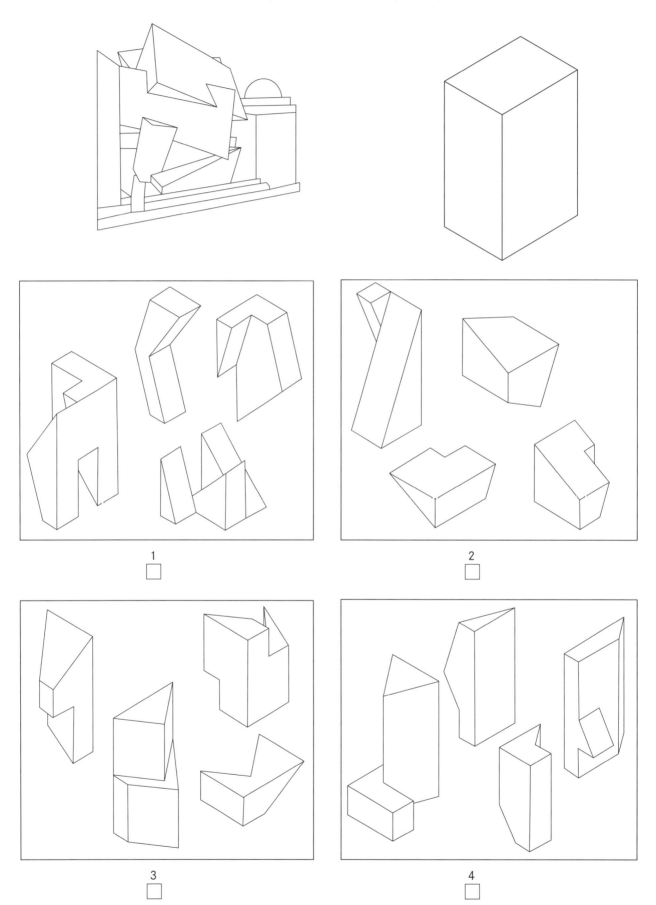

1 ☐

2 ☐

3 ☐

4 ☐

Rem Koolhaas, *Niederländische Botschaft,* Berlin, 2004

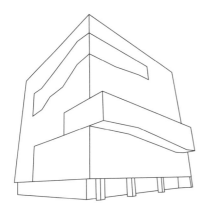

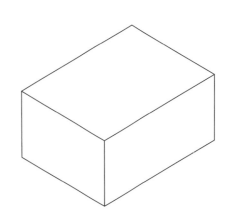

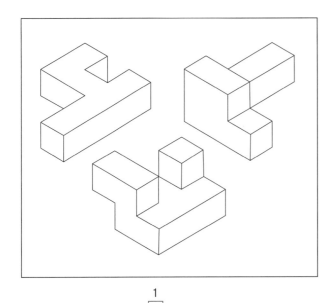

1 ☐

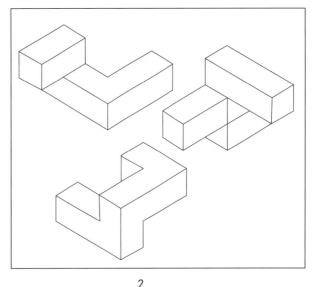

2 ☐

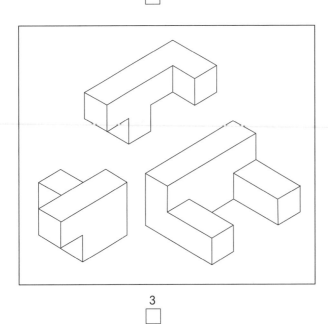

3 ☐

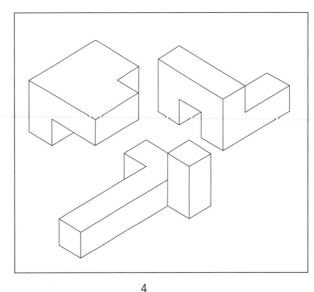

4 ☐

Ben van Berkel, *Möbius House,* Het Gooi, 1998

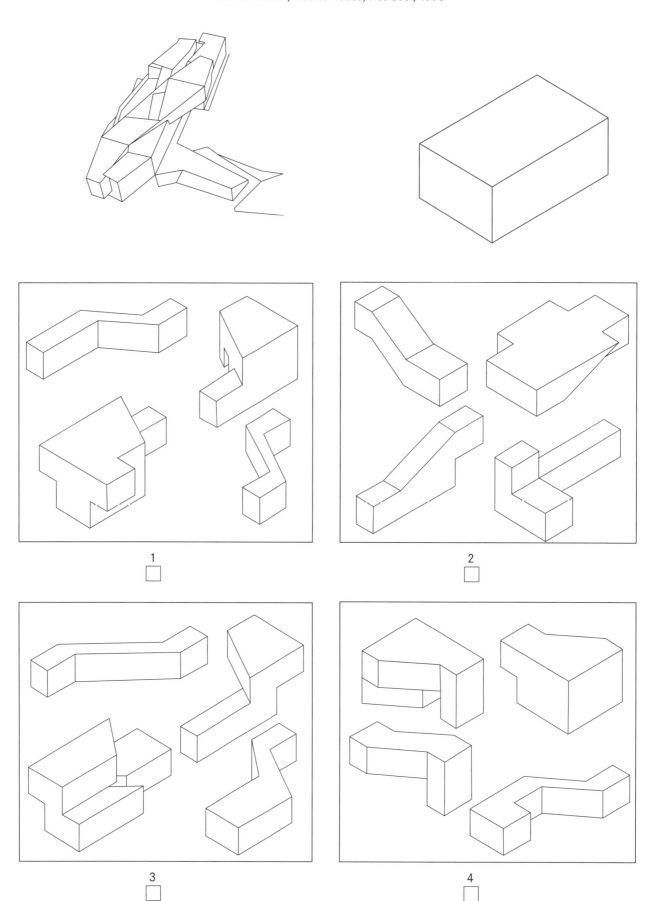

1

2

3

4

Le Corbusier, *Unité d'habitation,* Marseille, 1952

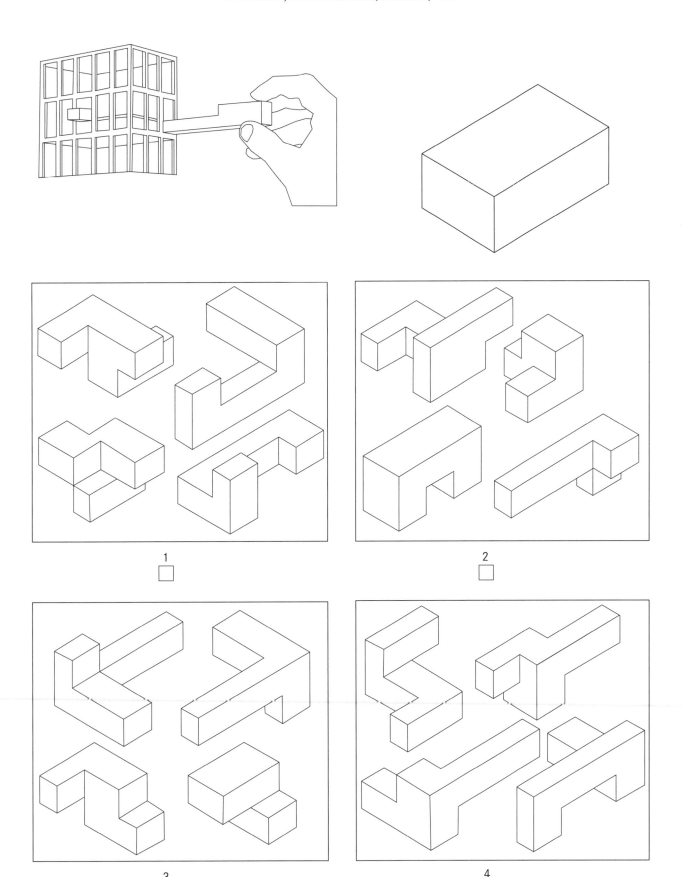

1 ☐

2 ☐

3 ☐

4 ☐

Fuhrimann & Hächler, *Haus Eva Presenhuber,* Vnà, 2007

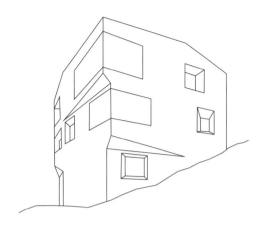
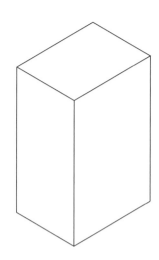

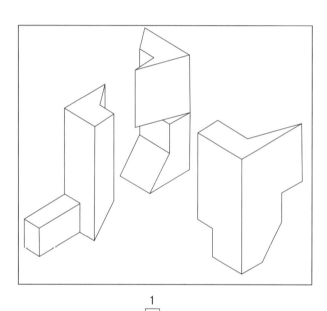

1

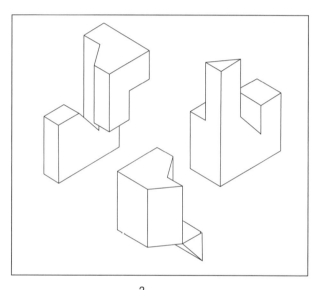

2

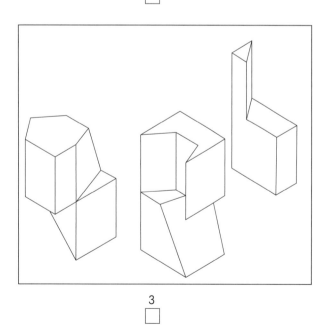

3

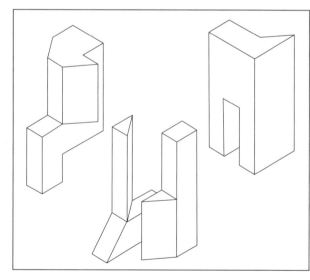

4

In diesem Test müssen Sie einen Würfel in mehreren Schritten verändern, indem Sie Massen an der x-, y- und z-Achse hinzufügen oder entfernen. Die nachfolgenden Transformationen werden stets an dem neuen Volumenkörper vorgenommen, der durch den vorherigen Schritt entstanden ist. Die Reihenfolge der Schritte ist durch die in Klammern angegebenen Nummern (1), (2) usw. festgelegt.

Ihnen werden vier Antwortmöglichkeiten vorgegeben, von denen nur eine genau den Volumenkörper darstellt, der durch Befolgung der Anleitungen entsteht. Die anderen drei sind falsch.

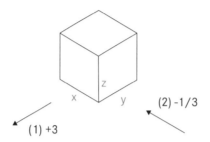

In diesem Fall muss man dem Anfangsvolumen im ersten Schritt drei Volumenkörper derselben Größe hinzufügen. Im zweiten Schritt muss der resultierende Volumenkörper entlang der x-Achse um ein Drittel reduziert werden.

Schritt (1): +3

Schritt (2): -1/3

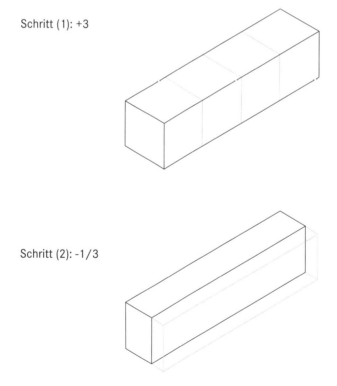

Diese Übung fördert nicht nur die Fähigkeit, gedanklich zu addieren und/oder zu subtrahieren, sondern auch das Gespür für Proportionen.
Die Proportionen der architektonischen Referenzobjekte sind Näherungswerte und wurden dem Gesamtvolumen entnommen.

Beispiel
Lösen Sie dieses Beispiel, indem Sie nacheinander zwei Operationen durchführen.
Beachten Sie: Das Zielobjekt hat nicht denselben Maßstab wie die vier Antwortoptionen.

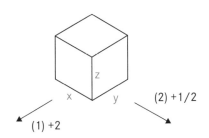

Baukontor Architekten, *Geschäftshaus am Schiffbauplatz,* Zürich, 2017

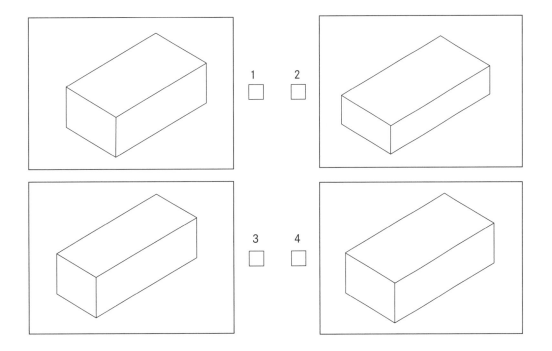

Die richtige Antwort ist Nummer 4. Die Volumenkörper 1, 2 und 3 weisen entlang der x-, y- oder z-Achse eine andere Größe auf.

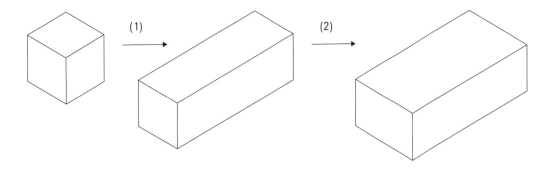

Ingrid Wallberg, Alfred Roth, *Wallberg House,* Göteborg, 1935

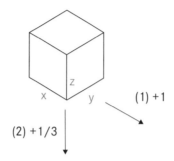

(1) +1

(2) +1/3

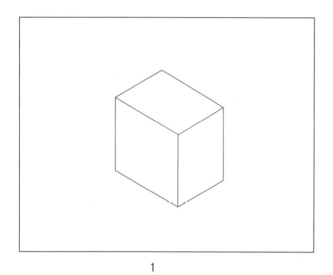

1

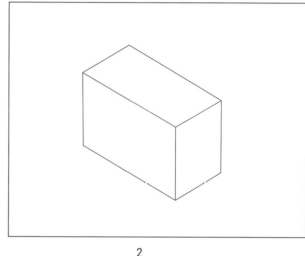

2

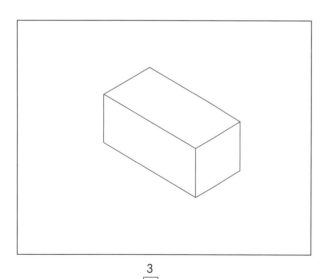

3

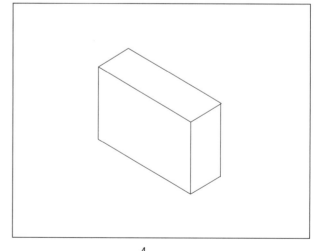

4

Theodor Fischer, *Evangelische Pfarrkirche zum heiligen Kreuz,* Gaggstatt, 1905

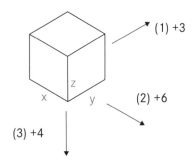

(1) +3

(2) +6

(3) +4

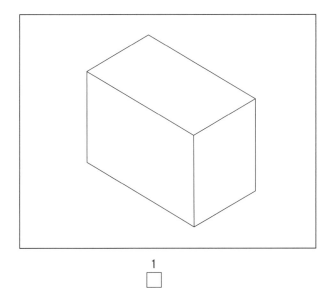

1

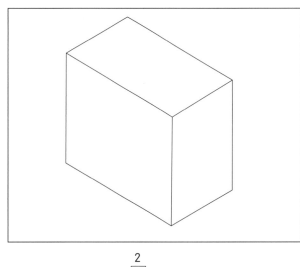

2

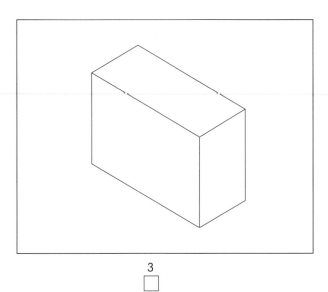

3

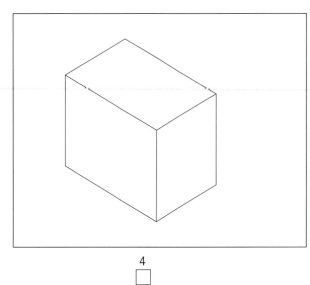

4

Le Corbusier, *Villa Savoye,* Poissy, 1931

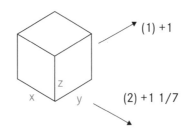

(1) +1

(2) +1 1/7

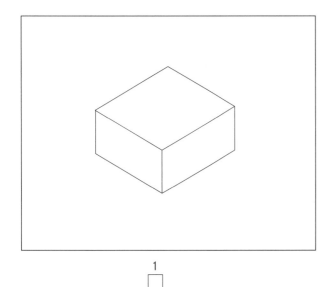

1

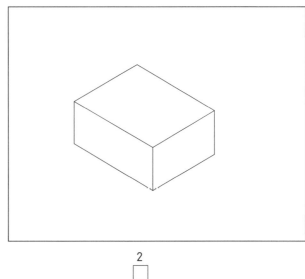

2

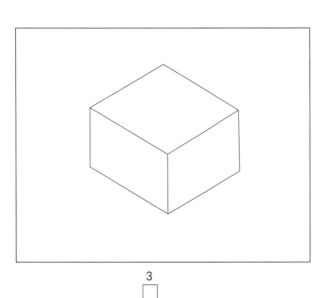

3

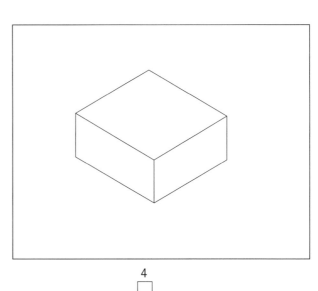

4

Peter Märkli, *Einfamilienhaus,* Grabs, 1995

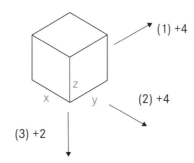

(1) +4

(2) +4

(3) +2

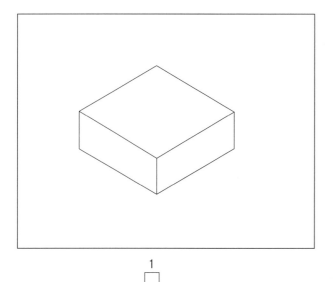

1

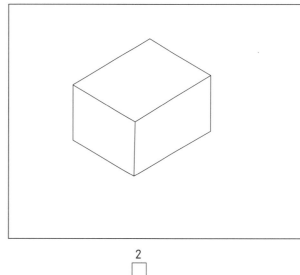

2

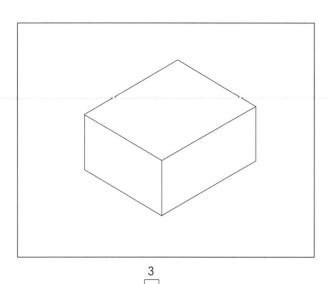

3

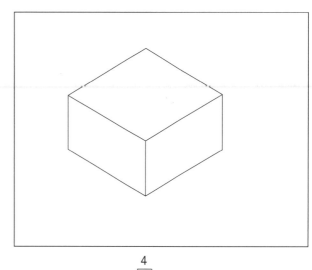

4

Leon Battista Alberti, *Arithmetische Mittel,* ca. 1485

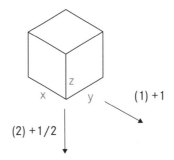

(1) +1

(2) +1/2

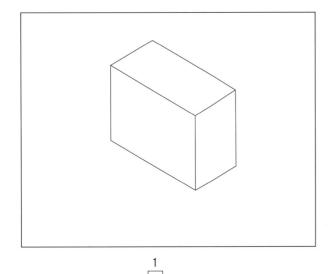

1

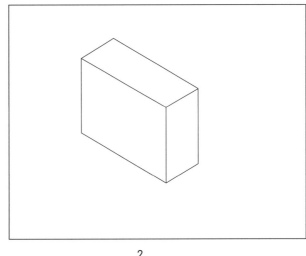

2

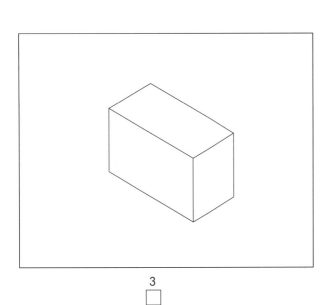

3

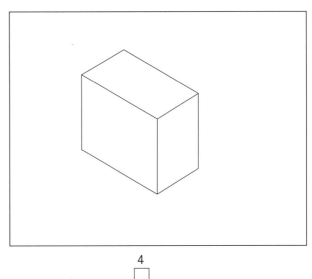

4

Leon Battista Alberti, *Geometrisches Mittel*, ca. 1485

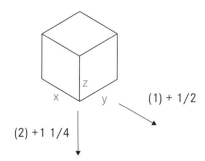

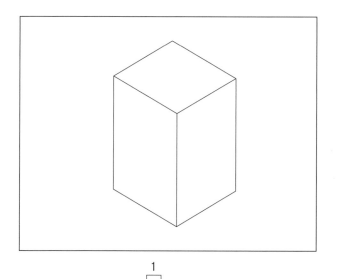

1

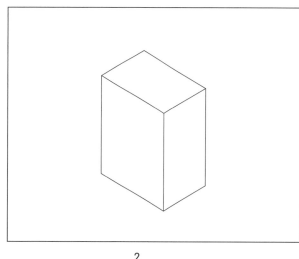

2

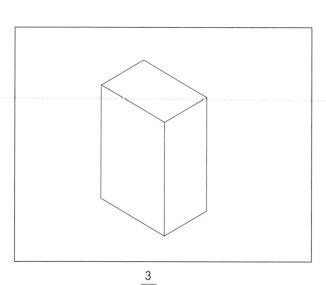

3

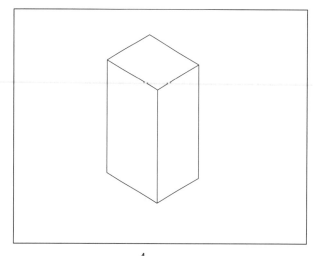

4

Francesco Giorgi, *S. Francesco della Vigna,* Venedig, ca. 1534

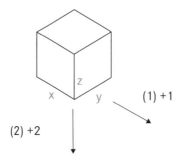

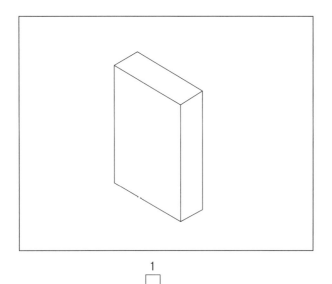

1

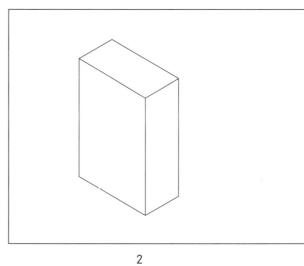

2

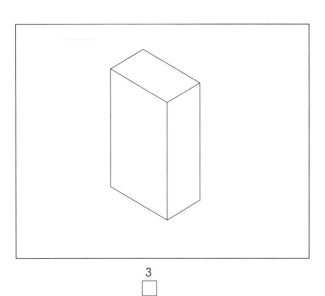

3

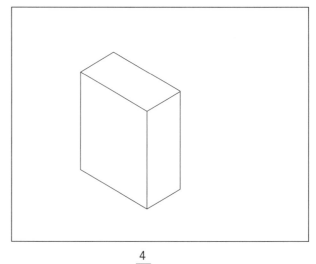

4

Paul Engelmann, Ludwig Wittgenstein, *Haus Wittgenstein,* Wien, 1928

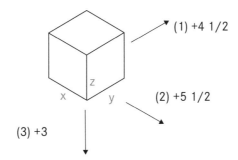

(1) +4 1/2

(2) +5 1/2

(3) +3

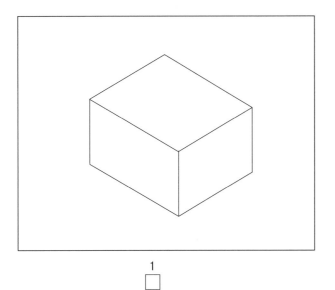

1

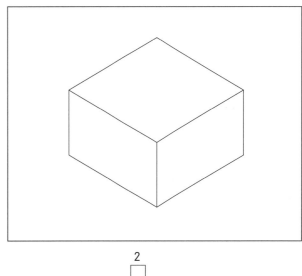

2

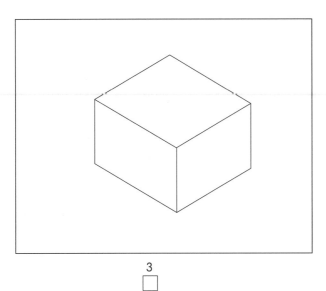

3

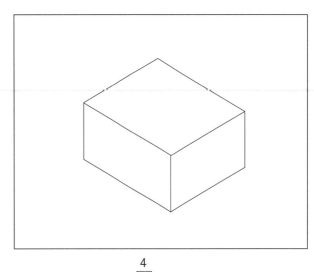

4

Tadao Ando, *Azuma House,* Osaka, 1976

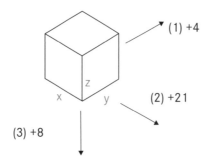

(1) +4

(2) +21

(3) +8

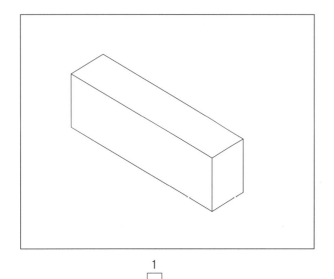

1
☐

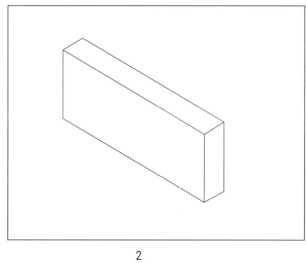

2
☐

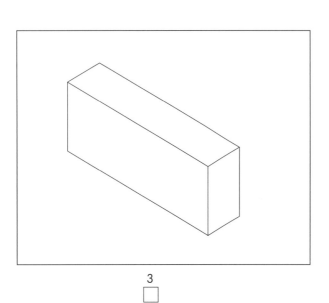

3
☐

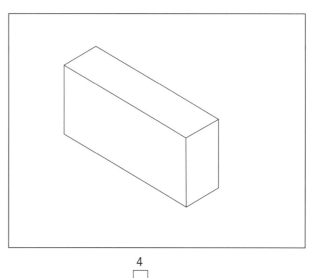

4
☐

Eileen Gray, *E.1027,* Roquebrune-Cap-Martin, 1929

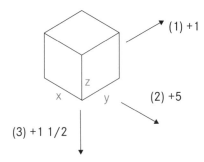

(1) +1

(2) +5

(3) +1 1/2

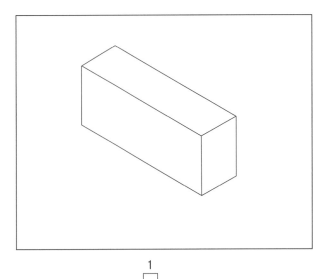

1

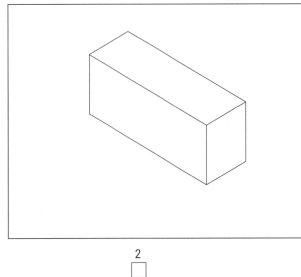

2

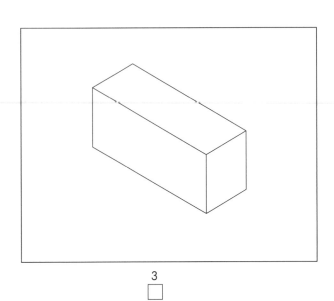

3

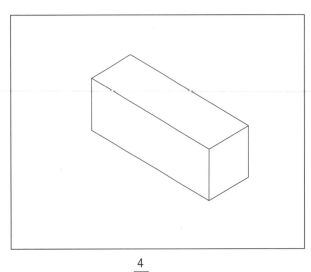

4

SANAA, *Zollverein-Kubus,* Essen, 2006

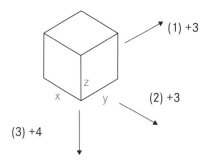

(1) +3

(2) +3

(3) +4

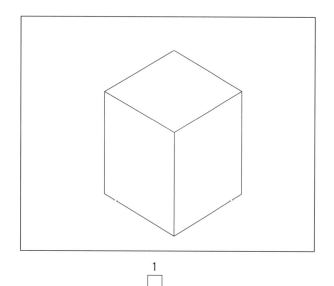

1

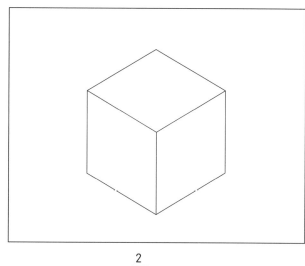

2

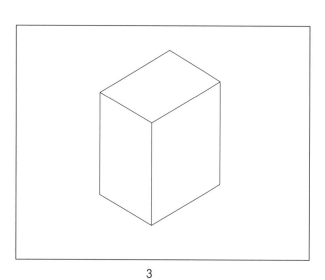

3

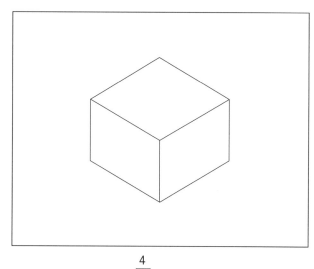

4

Peter und Alison Smithson, *Upper Lawn Pavilion,* Wiltshire, 1962

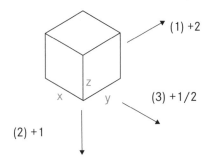

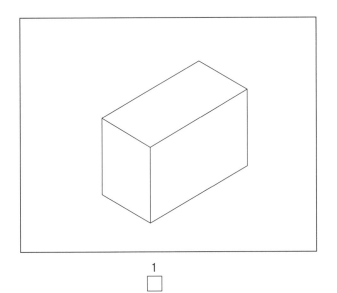

1

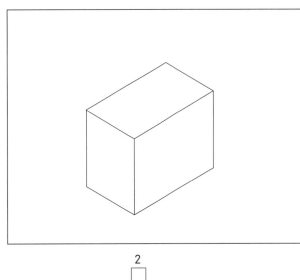

2

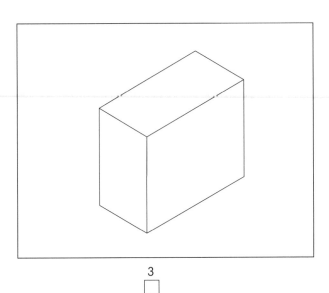

3

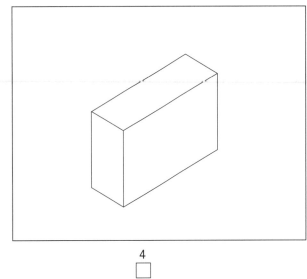

4

Philip Johnson, *Glass House,* New Canaan, 1962

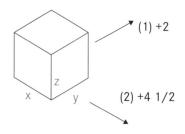

(1) +2

(2) +4 1/2

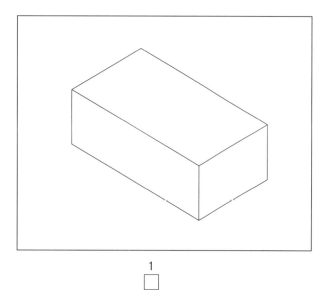

1

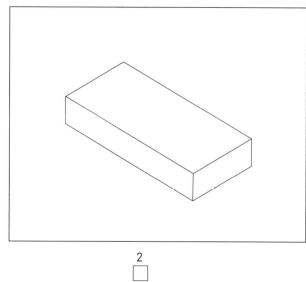

2

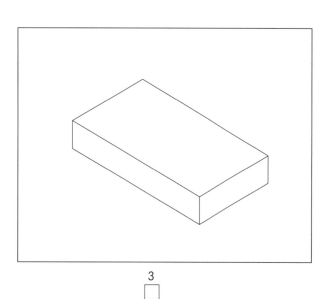

3

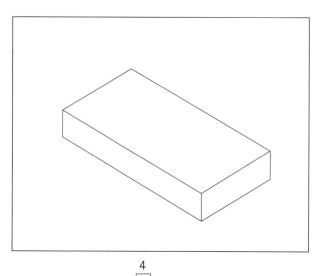

4

Mies van der Rohe, *Farnsworth House,* Illinois, 1951

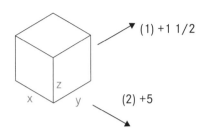

(1) +1 1/2

(2) +5

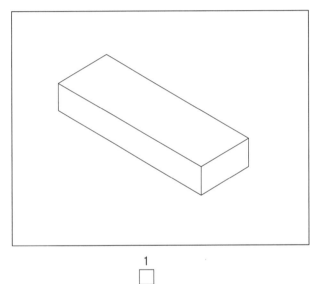

1

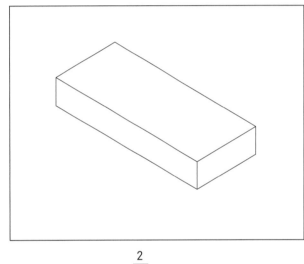

2

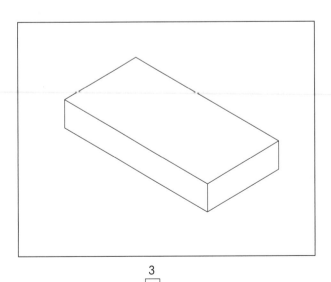

3

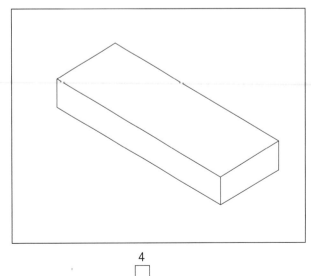

4

Kenzo Tange, *City Hall,* Kurashiki, 1960

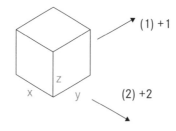

(1) +1

(2) +2

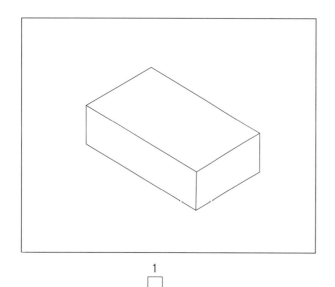

1

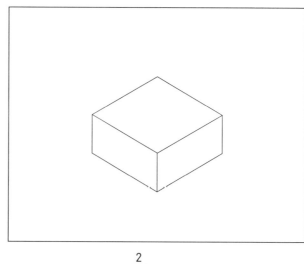

2

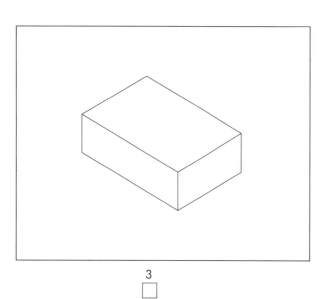

3

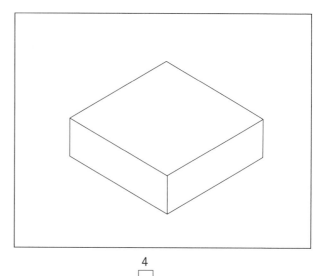

4

In dieser Übung müssen Sie durch ein Gebäude schneiden und die entsprechende Schnittlinie erkennen. Der Schnitt wird im Anschluss aus der geneigten Position in die Vertikale gedreht, sodass er dem Betrachtenden zugewandt ist. Sie müssen die richtige Antwort aus fünf Möglichkeiten auswählen.

Jedes Beispiel wird immer mit zwei Bildern dargestellt. Auf der linken Seite ist ein Sinnbild des jeweiligen Gebäudes abgebildet. In der Darstellung auf der rechten Seite wird die Schnittführung gezeigt. Das linke Bild enthält mehr Details, ist aber nur eine repräsentative Darstellung, die lediglich zum Verständnis des Schnittes beitragen soll.

William Morgan, *Goodloe Residence,* Florida, 1965

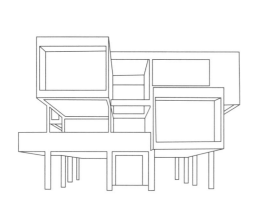
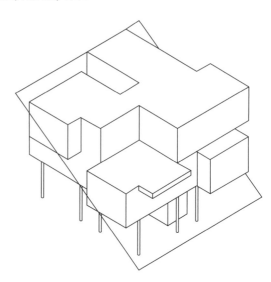

Welche dieser fünf Varianten ist die richtige und entspricht genau der Fläche, die entsteht, wenn das Gebäude entlang der geneigten Ebene geschnitten wird?

1   2   3   4   5

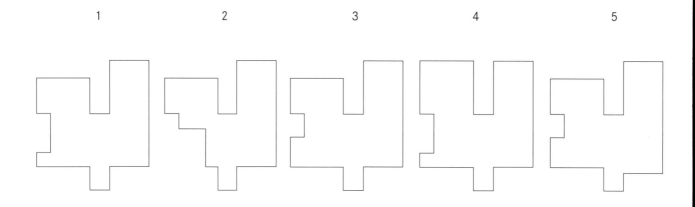

William Morgan, *Goodloe Residence,* Florida, 1965

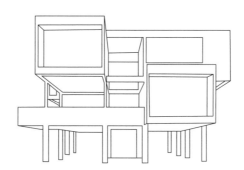

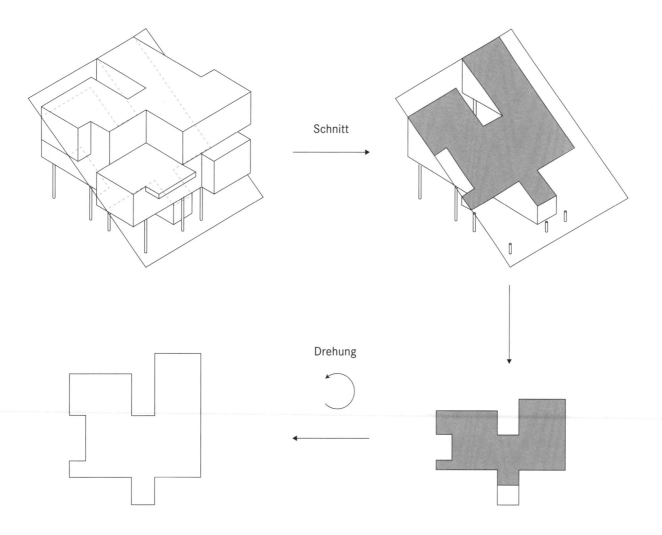

Schnitt

Drehung

Die richtige Antwort ist Nummer 1. Nur diese Variante entspricht dem Schnitt durch den Baukörper entlang der geneigten Ebene.

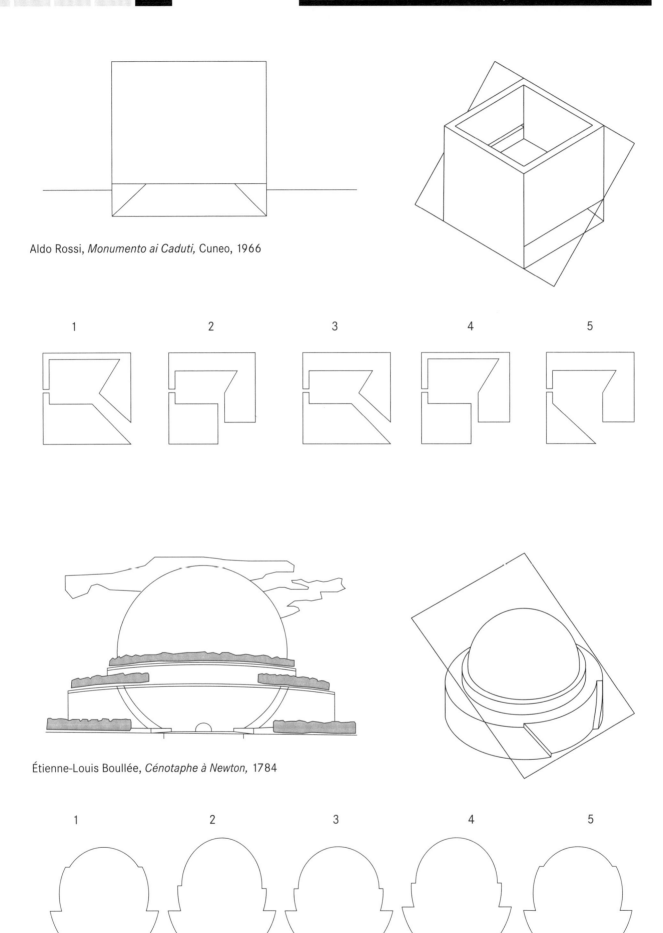

Aldo Rossi, *Monumento ai Caduti,* Cuneo, 1966

1   2   3   4   5

Étienne-Louis Boullée, *Cénotaphe à Newton,* 1784

1   2   3   4   5

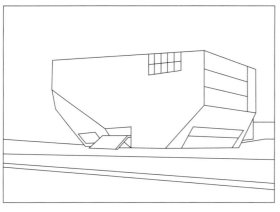

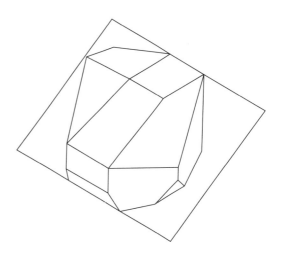

Rem Koolhaas, *Casa da Música,* Porto, 2005

1   2   3   4   5

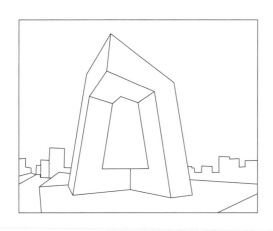

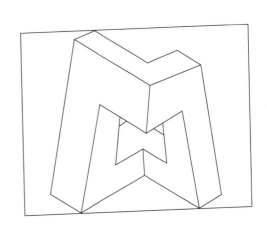

Rem Koolhaas, *CCTV – Headquarters,* Peking, 2012

1   2   3   4   5

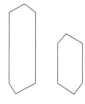

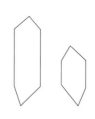

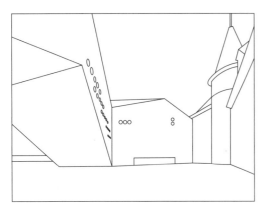
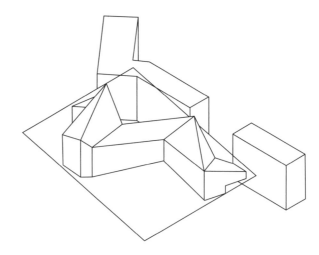

Christ & Gantenbein, *Erweiterung
Landesmuseum Zürich,* 2016

1   2   3   4   5

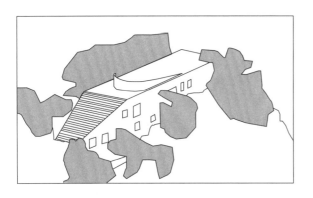
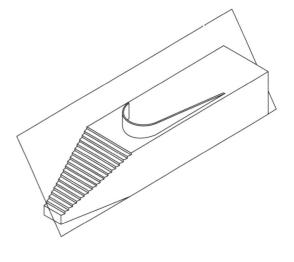

Curzio Malaparte, *Villa Malaparte,* Capri, 1940

1   2   3   4   5

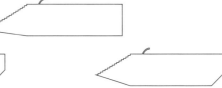
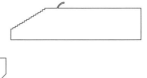

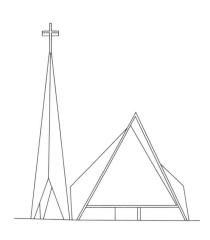
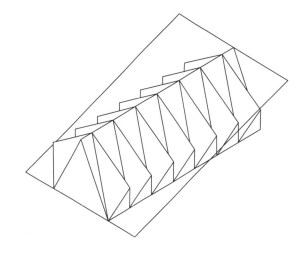

Paul R. Williams, *St. Viator Church,* Las Vegas, 1963

1	2	3	4	5
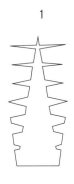				

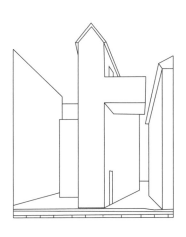
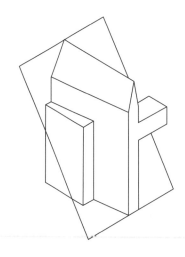

Go Hasegawa, *House in Shakujiikouen,* Tokio, 2013

1	2	3	4	5

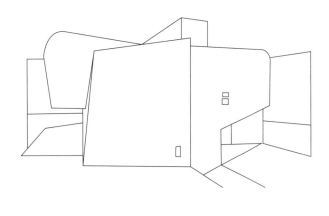
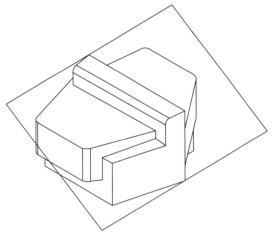

Claude Parent mit Paul Virilio, *Église Sainte-Bernadette du Banlay,*
Nevers, 1966

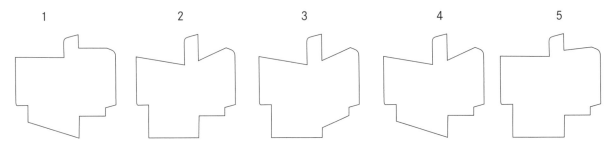

| 1 | 2 | 3 | 4 | 5 |

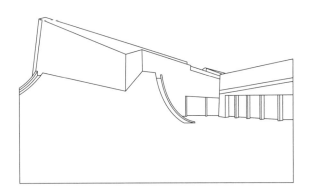

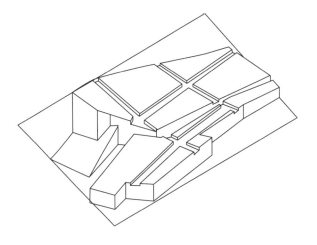

Peter Eisenman, *City of Culture of Galicia,* Santiago, 2011

| 1 | 2 | 3 | 4 | 5 |

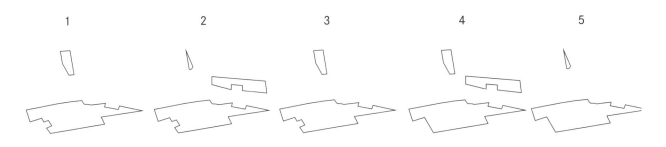

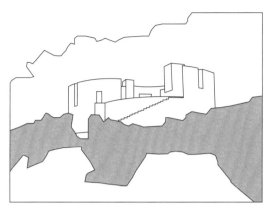
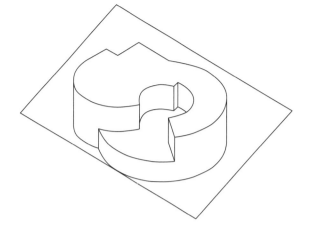

Cini Boeri, *Casa Rotonda,* Sassari, 1966–1967

1   2   3   4   5

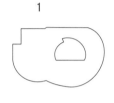
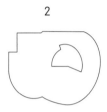
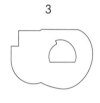
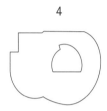
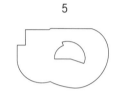

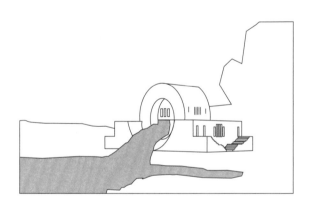
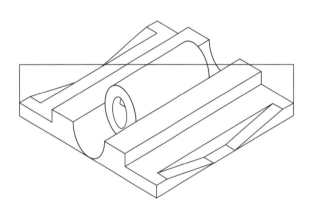

Claude-Nicolas Ledoux, *Maison de surveillants de la source
de la Loue,* Chaux, 1804

1   2   3   4   5

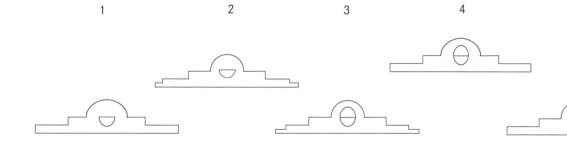

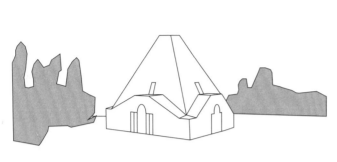
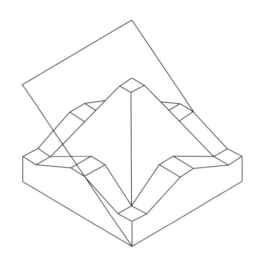

Claude-Nicolas Ledoux, *L'atelier des charbonniers,* Chaux, 1804

1	2	3	4	5

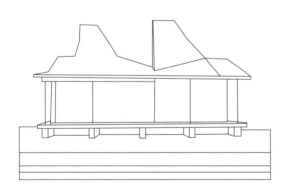
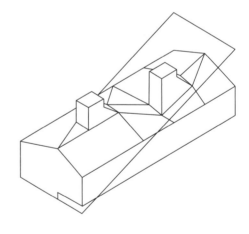

Atelier Bow-Wow, *Nora House,* Senndai, 2006

1	2	3	4	5

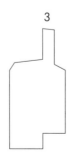

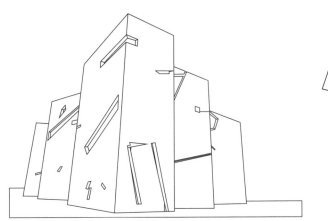

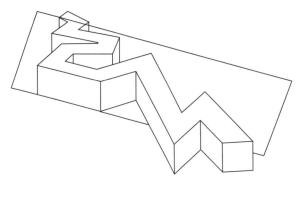

Daniel Libeskind, *Jüdisches Museum,* Berlin, 2001

1	2	3	4	5

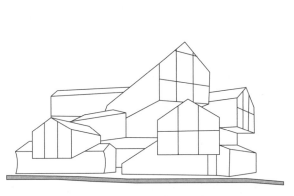
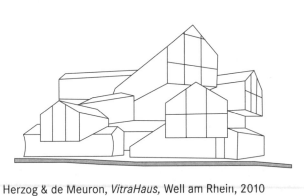

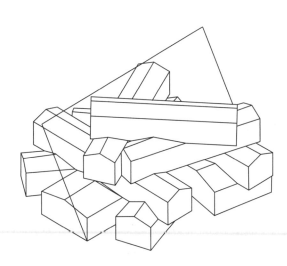

Herzog & de Meuron, *VitraHaus,* Well am Rhein, 2010

1	2	3	4	5

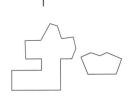
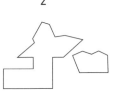
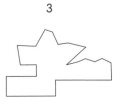
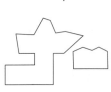
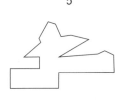

LÖSUNGEN

Urban Layout Test

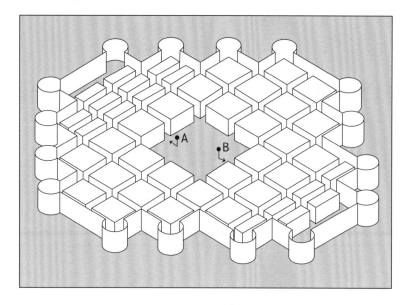

A [4]   B [3]

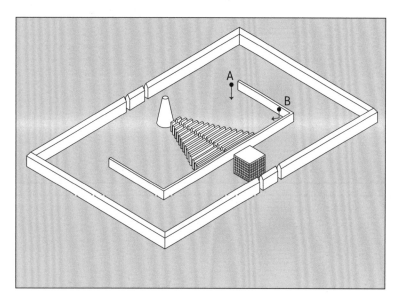

A [3]   B [1]

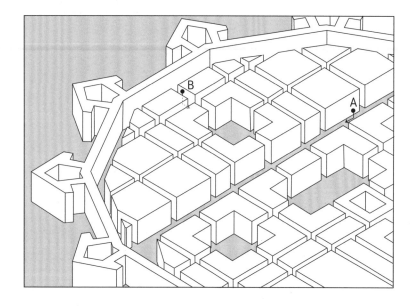

A [3]   B [1]

Urban Layout Test

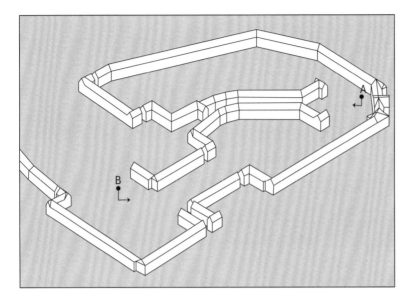

A [1]   B [4]

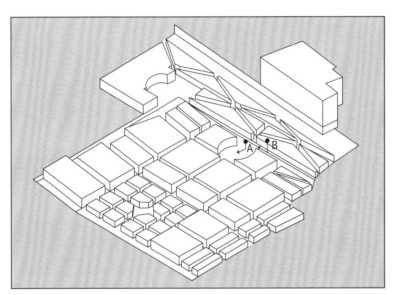

A [1]   B [2]

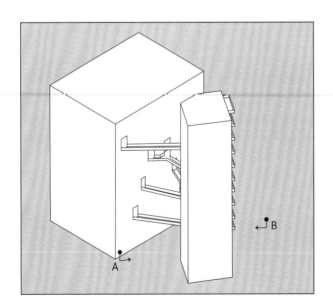

A [2]   B [3]

Urban Layout Test

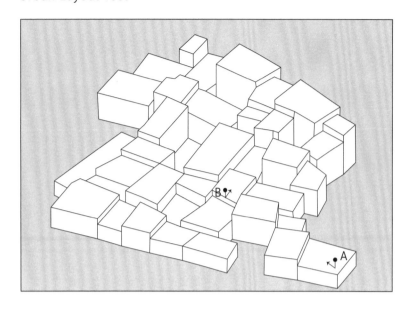

A [3]   B [2]

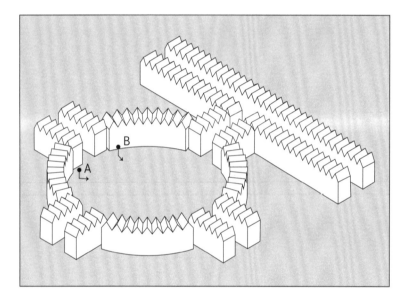

A [4]   B [2]

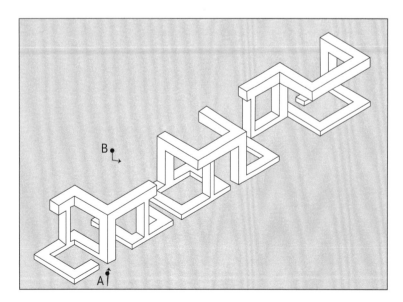

A [2]   B [1]

Urban Layout Test

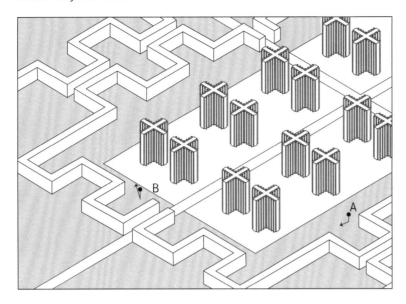

A | 1 | B | 3

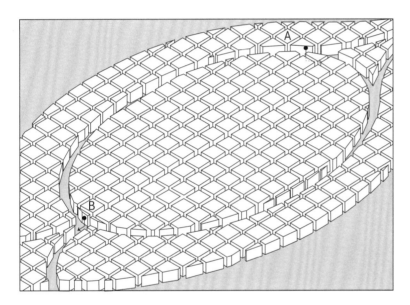

A | 2 | B | 1

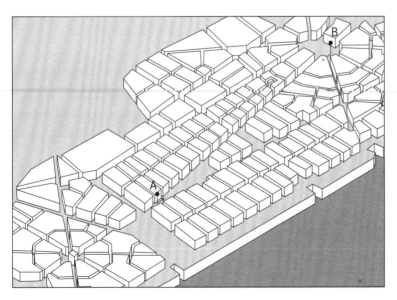

A | 1 | B | 3

Urban Layout Test

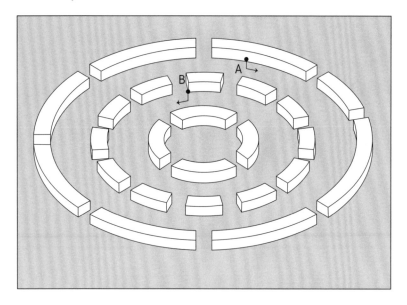

A [4]   B [3]

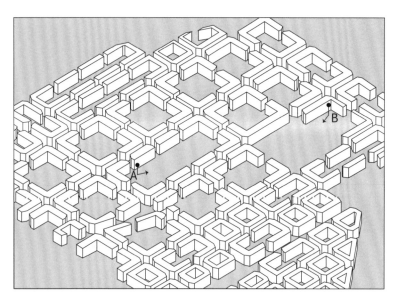

A [1]   B [2]

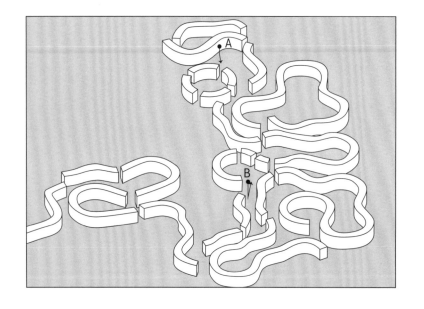

Urban Layout Test

A [2]   B [4]

Indoor Perspective Test

		Lösung
1	Robert Venturi, Lieb House, New Jersey, 1967	1
2	Valerio Olgiati, Schule in Paspels, Domleschg, 1998	4
3	Gunnar Asplund, Summer house, Stennäs, 1937	4
4	Peter Zumthor, Thermen Vals, Vals, 1998	2
5	Álvaro Siza, Saint-Jacques-de-la-Lande, Rennes, 2018	1
6	Myron Goldfinger, Goldfinger House, Waccabuc, NY, 1970	3
7	Valerio Olgiati, Villa Além, Portugal, 2014	2
8	Louis Kahn, Jewish Community Center, New Jersey, 1959	1
9	Rem Koolhaas, CCTV – Headquarters, Peking, 2012	4
10	Kazuo Shinohara, Tanikawa House, 1974	3
11	Frank Gehry, Guest House Winton, Minnesota, 1987	4
12	Agustín Hernández, Architectural Office, Mexico-Stadt, 1975	2
13	Iseppi-Kurath, Viamala Raststätte, Thusis, 2008	3
14	Toyo Ito, Tama Art University library, Tokio, 2007	1
15	Pezo von Ellrichshausen, Svara Pavilion, Venedig, 2016	4

Indoor Perspective Test

Packing Test

MVRDV, *Silodam*, Amsterdam, 2003

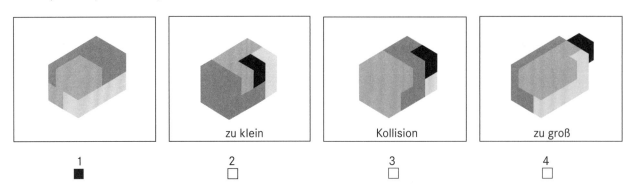

1	2	3	4
	zu klein	Kollision	zu groß
■	☐	☐	☐

Mario Botta, *Casa Medici,* Stabio, 1982

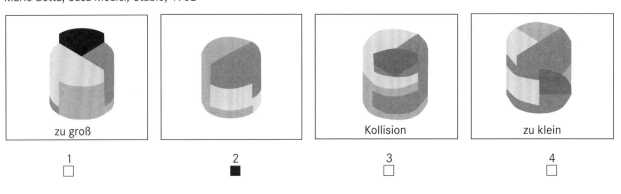

1	2	3	4
zu groß		Kollision	zu klein
☐	■	☐	☐

Kazuyo Sejima, *Kitagata Apartment Building,* Gifu, 2000

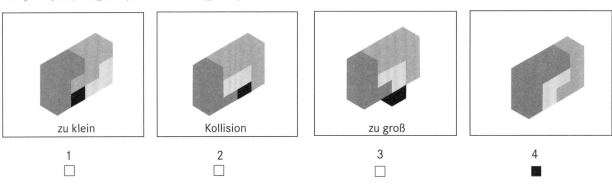

1	2	3	4
zu klein	Kollision	zu groß	
☐	☐	☐	■

Adolf Loos, *Haus Tristan Tzara,* Paris, 1926

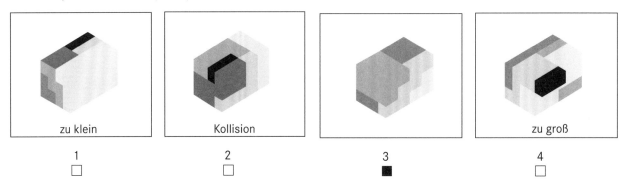

1	2	3	4
zu klein	Kollision		zu groß
☐	☐	■	☐

Packing Test

Walter Gropius, Fred Forbàt, *Baukasten im Großen,* Dessau, 1923

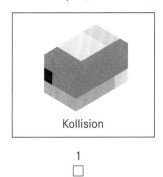 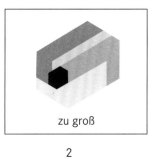  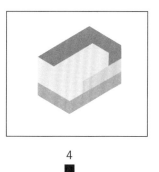

| Kollision | zu groß | zu klein | |
| 1 ☐ | 2 ☐ | 3 ☐ | 4 ■ |

Sou Fujimoto, *Final Wooden House,* Kumamoto, 2006

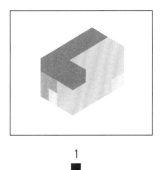  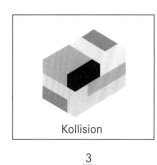 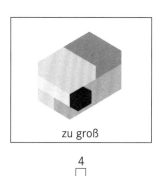

| | zu klein | Kollision | zu groß |
| 1 ■ | 2 ☐ | 3 ☐ | 4 ☐ |

Claude Parent/Paul Virilio, *Maison Mariotti,* Saint-Germain-en-Laye, 1970

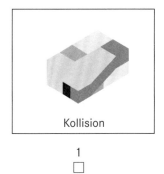  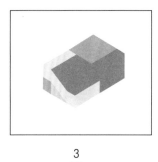 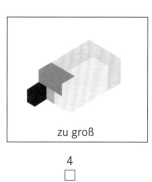

| Kollision | zu klein | | zu groß |
| 1 ☐ | 2 ☐ | 3 ■ | 4 ☐ |

Raimund Abraham, *Haus für Musiker,* Hombroich, 1999

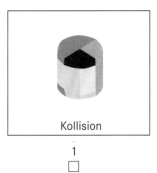 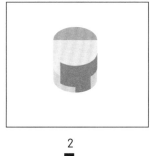  

| Kollision | | zu klein | zu groß |
| 1 ☐ | 2 ■ | 3 ☐ | 4 ☐ |

Packing Test

HHF/BIG, *Puzzle House,* Denmark, 2019

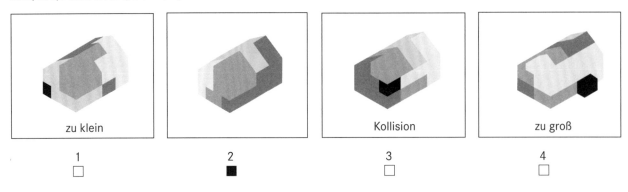

zu klein		Kollision	zu groß
1	2	3	4
☐	■	☐	☐

Paul and Blanche Mahlberg/Bruno Taut, *Dandanah*, 1920

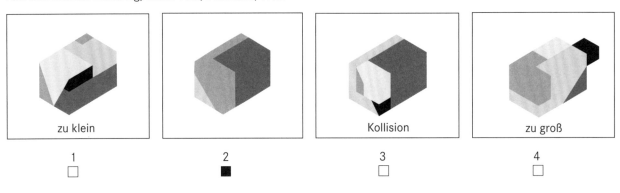

zu klein		Kollision	zu groß
1	2	3	4
☐	■	☐	☐

Daniel Libeskind, *V & A Museum Extension,* London, 2002

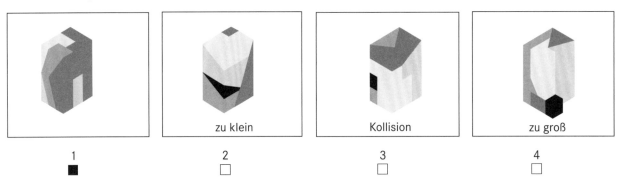

	zu klein	Kollision	zu groß
1	2	3	4
■	☐	☐	☐

Rem Koolhaas, *Niederländische Botschaft,* Berlin, 2004

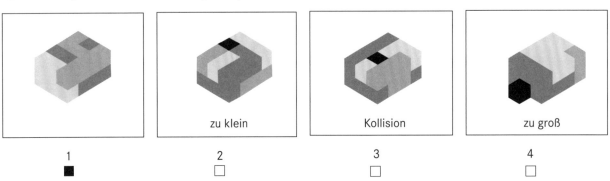

	zu klein	Kollision	zu groß
1	2	3	4
■	☐	☐	☐

Packing Test

Ben van Berkel, *Möbius House,* Het Gooi, 1998

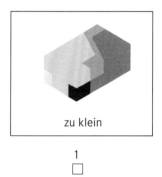

zu klein

1 ☐

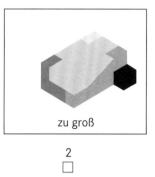

zu groß

2 ☐

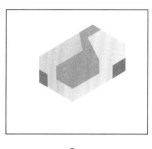

3 ■

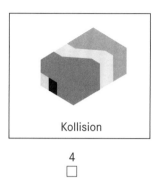

Kollision

4 ☐

Le Corbusier, *Unité d'habitation,* Marseille, 1952

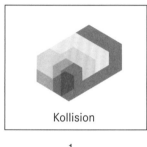

Kollision

1 ☐

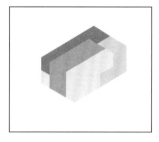

2 ■

zu klein

3 ☐

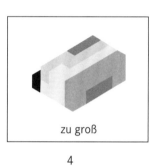

zu groß

4 ☐

Fuhriman & Hächler, *Haus Eva Presenhuber,* Vnà, 2017

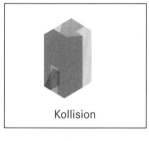

Kollision

1 ☐

zu klein

2 ☐

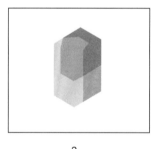

3 ■

zu groß

4 ☐

Mental Construction Test

Ingrid Wallberg, Alfred Roth, *Wallberg House,*
Göteborg, 1935

2 ■

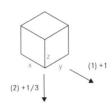

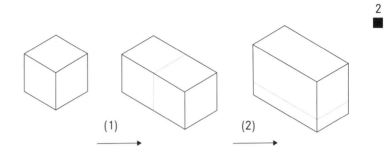

Theodor Fischer, *Evangelische Pfarrkirche*
zum heiligen Kreuz, Gaggstatt, 1905

1 ■

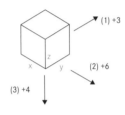

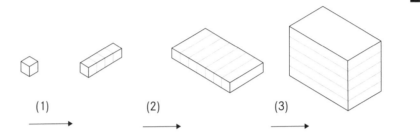

Le Corbusier, *Villa Savoye,* Poissy, 1931

4 ■

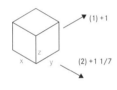

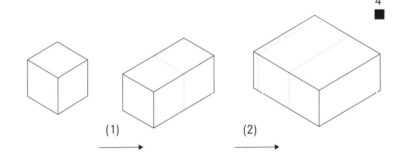

Peter Märkli, *Einfamilienhaus,* Grabs, 1995

4 ■

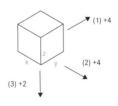

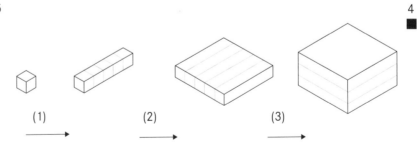

Leon Battista Alberti, *Arithmetische Mittel,* ca. 1485

1 ■

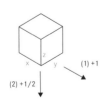

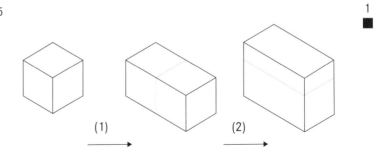

Mental Construction Test

Leon Battista Alberti, *Geometrisches Mittel*,
ca. 1485

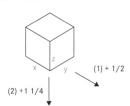

(1) + 1 / 2

(2) +1 1/4

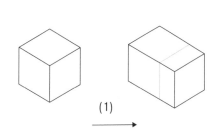

(1)　　(2)

3

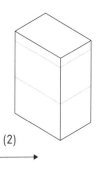

Francesco Giorgi, *S. Francesco della Vigna*,
Venedig, ca. 1534

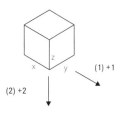

(1) +1

(2) +2

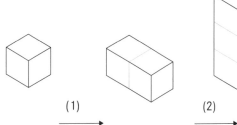

(1)　　(2)

2

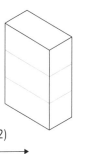

Paul Engelmann, Ludwig Wittgenstein,
Haus Wittgenstein, Wien, 1928

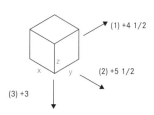

(1) +4 1/2

(2) +5 1/2

(3) +3

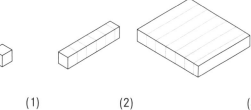

(1)　　(2)　　(3)

1

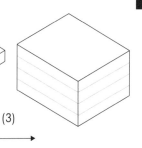

Tadao Ando, *Azuma House*, Osaka, 1976

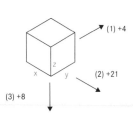

(1) +4

(2) +21

(3) +8

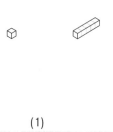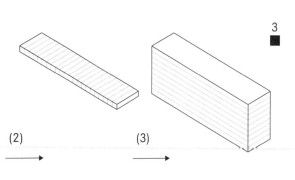

(1)　　(2)　　(3)

3

Eileen Gray, *E.1027*, Roquebrune-Cap-Martin,
1929

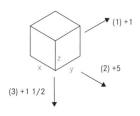

(1) +1

(2) +5

(3) +1 1/2

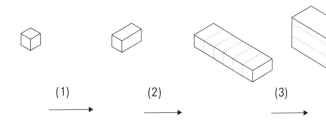

(1)　　(2)　　(3)

2

Mental Construction Test

SANAA, *Zollverein-Kubus*, Essen, 2006

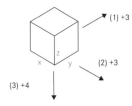

(1) +3
(2) +3
(3) +4

1

 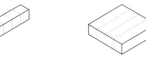 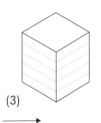

(1) ⟶ (2) ⟶ (3) ⟶

Peter und Alison Smithson, *Upper Lawn Pavilion*, Wiltshire, 1962

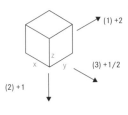

(1) +2
(3) +1/2
(2) +1

1

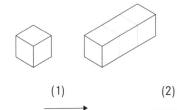 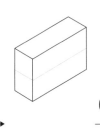 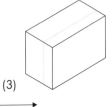

(1) ⟶ (2) ⟶ (3) ⟶

Philip Johnson, *Glass House*, New Canaan, 1949

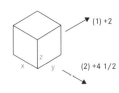

(1) +2
(2) +4 1/2

3

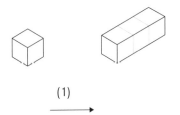 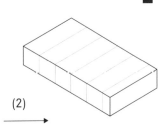

(1) ⟶ (2) ⟶

Mies van der Rohe, *Farnsworth House,* Illinois, 1951

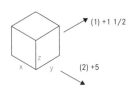

(1) +1 1/2
(2) +5

2

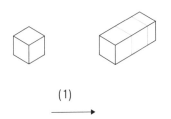 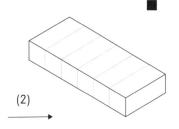

(1) ⟶ (2) ⟶

Kenzo Tange, *City Hall,* Kurashiki, 1960

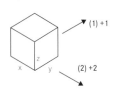

(1) +1
(2) +2

3

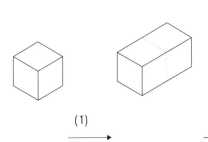 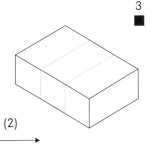

(1) ⟶ (2) ⟶

Mental Cutting Test, Architecture

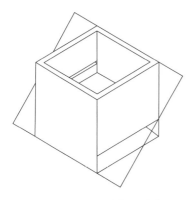 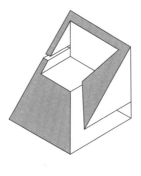 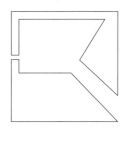

Aldo Rossi, *Monumento ai Caduti,* Cuneo, 1966

1

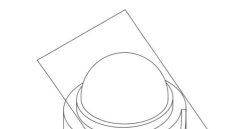 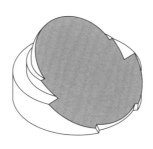 

Étienne-Louis Boullée, *Cénotaphe à Newton,* 1784

3

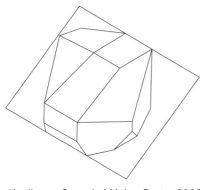 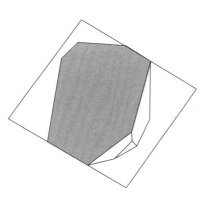 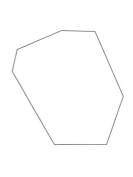

Rem Koolhaas, *Casa da Música,* Porto, 2005

1

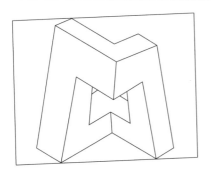 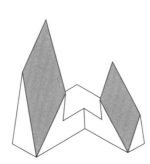 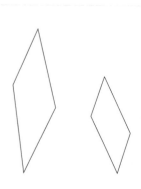

Rem Koolhaas, *CCTV - Headquarters,* Peking, 2012

3

Mental Cutting Test, Architecture

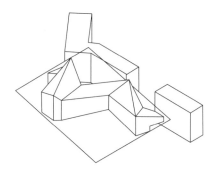 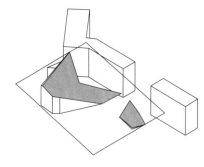 

Christ & Gantenbein, *Erweiterung Landesmuseum,* Zürich, 2016

3

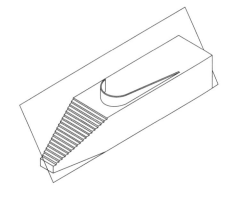 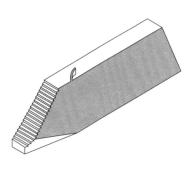 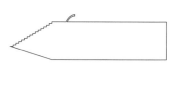

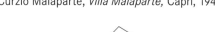

Curzio Malaparte, *Villa Malaparte,* Capri, 1940

1

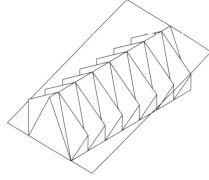 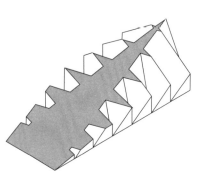 

Paul R. Williams, *St. Viator Church,* Las Vegas, 1963

5

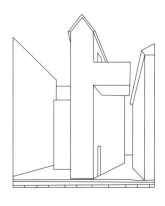 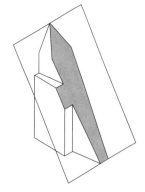 

Go Hasegawa, *House in Shakujiikouen,* Tokio, 2013

2

Mental Cutting Test, Architecture

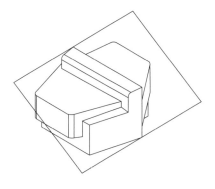  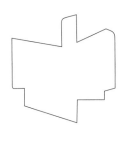

Claude Parent mit Paul Virilio, *Église Sainte-Bernadette du Banlay,* Nevers, 1966   4

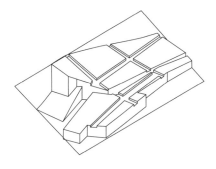 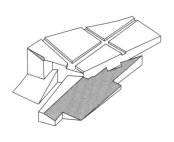 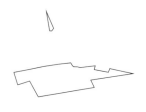

Peter Eisenman, *City of Culture of Galicia,* Santiago, 2011   5

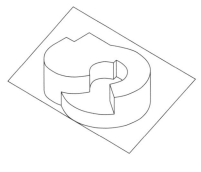  

Cini Boeri, *Casa Rotonda,* Sassari, 1966–1967   4

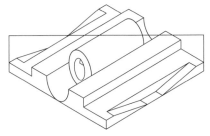 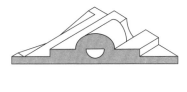 

Claude-Nicolas Ledoux, *Maison de surveillants de la source de la Loue,* Chaux, 1804   5

Mental Cutting Test, Architecture

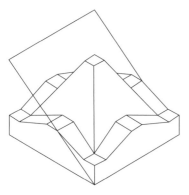  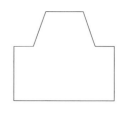

Claude-Nicolas Ledoux, *L'atelier des charbonniers,* Chaux, 1804

4

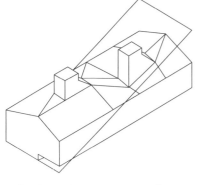 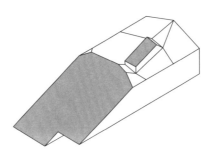 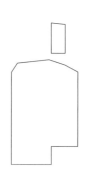

Atelier Bow-Wow, *Nora House,* Senndai, 2006

3

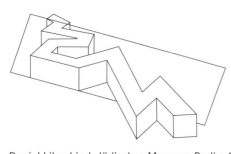 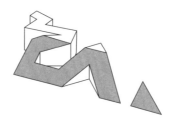 

Daniel Libeskind, *Jüdisches Museum,* Berlin, 2001

3

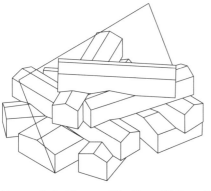  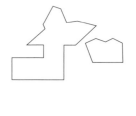

Herzog & de Meuron, *VitraHaus,* Weil am Rhein, 2010

2

DANKSAGUNG

Sofern die interdisziplinäre Forschung mit Architekturschaffenden überhaupt möglich ist, dann nur, so wie in diesem Fall, dank beharrlicher Wissenschaftlerinnen und Wissenschaftler. Ohne die Geduld und Fachkenntnis von Dr. Michal Berkowitz, Prof. Dr. Christoph Hölscher, Prof. Dr. Elsbeth Stern und Dr. Beatrix Emo wäre dieses Projekt nicht möglich gewesen. Die fachübergreifende Forschung ist eine schmerzvolle Erfahrung voller Missverständnisse und Fehleinschätzungen bezüglich der manchmal unbegreiflichen Eigenheiten der Disziplinen. Nur wenn man sich darauf einlässt, sind Kommunikation und Austausch überhaupt möglich.

Ebenso wenig wäre dieses Projekt ohne die Hilfe so vieler anderer Menschen zustande gekommen. Zuallererst möchten wir folgenden Fachleuten danken, die das Projekt begleiteten: Ruth Conroy Dalton, Dafna Fischer Gewirtzman, Peter Holgate, Thomas Shipley, Margaret Tarampi und David Uttal. Als unverzichtbare Quellen sind zudem Nora N. Newcombe und Mary Hegarty zu nennen, die als Inspiration für alle dienen, die sich mit räumlichem Vorstellungsvermögen beschäftigen.

Darüber hinaus danken wir den Professorinnen und Professoren, die uns den Zugang zu ihren Studierenden gewährt haben: François Charbonnet, Andreas Deplazes, Dieter Dietz, Harry Gugger, Patrick Heiz, Johannes Käferstein, Cornelie Leopold, Marco Merz, Urs Primas, Wolfgang Rossbauer, Lando Rossmaier, Detlef Schulz, Annette Spiro, Christina Schumacher, Peter Staub und Toni Wirth.

Ein besonderer Dank gebührt Nuno De Matos Ferreira für seine wertvolle Unterstützung bei der Durchführung der verschiedenen Phasen dieses Projekts. Vielen Dank auch an Ivo Costa und Alexandra Vier Gehrmann, die fast alle Straßenansichten für die Testaufgaben zeichneten.

Wir danken des Weiteren unseren Kolleginnen und Kollegen von der ZHAW und der ETH für die erhellenden und manchmal hitzigen Diskussionen und dafür, dass sie die Materialien aus unserem Projekt getestet haben: Anke Domschky, Oya Atalay Franck, Regula Iseli, Peter Jenny, Stefan Kurath, Philipp Koch, Simon Mühlebach, Yesol Park, Urs Primas, Victor Shinazi, Holger Schurk, Rainer Schützeichel, Nina Sommer, Tyler Thrash, Martin Tschanz, Andrea Wäger, Matthew Wells, Toni Winiger und insbesondere Andreas Jud und Andreas Kalpakci.

Ebenfalls ein großes Dankeschön geht an Lindsay Blair Howe für ihren Feinschliff an den „verschiedenen Sprachen" dieses Buches.

Und zu guter Letzt danke für die Sinergia-Förderung des Schweizerischen Nationalfonds zur Förderung der wissenschaftlichen Forschung, die dieses Projekt finanzierte und ohne die es nicht realisierbar gewesen wäre.

AUTOREN

MICHAL BERKOWITZ ist als Postdoktorandin an der Professur für Lehr- und Lernforschung der ETH Zürich tätig. Sie studierte an der Universität Tel Aviv Psychologie und begann ihre berufliche Laufbahn in der klinischen Psychologie. Nach ihrem Wechsel in die Forschung im Bereich der kognitiven Psychologie promovierte sie 2017 an der Professur für Lehr- und Lernforschung der ETH Zürich. In ihrer Dissertation befasste sie sich mit der Vorhersage von kognitiven Fähigkeiten in MINT-Fächern, insbesondere in den mathematisch geprägten. Ihre Forschungsinteressen umfassen die Rolle des räumlichen Vorstellungsvermögens in MINT-Fächern, Denk- und Lernprozesse in der Mathematik sowie die Beziehung zwischen Arbeitsgedächtnis, Intelligenz und Lernprozessen.

TERESA CHEUNG, ALICE EPFL, ist eine Architektin, die ihr Studium 2006 an der Architectural Association School of Architecture in London abschloss und bereits in New York, Hongkong, London und der Schweiz als Architektin tätig war. Von 2010 bis 2015 gehörte sie zum Team von ALICE, wo sie Studierende im ersten Studienjahr und Diplomanden unterrichtete und zeitgleich pädagogische Instrumente für den Lehrplan im ersten Studienjahr entwickelte. 2018 kehrte sie als Studio Director zu ALICE zurück und ist nun akademische Leiterin von ALICE y1. Darüber hinaus fungiert Cheung als Kuratorin des Vereins Eye on Science, der den öffentlichen Austausch über Naturwissenschaften mittels Kunst und Film fördert.

DIETER DIETZ, ALICE EPFL, absolvierte seine Ausbildung an der ETH Zürich (Abschluss als Architekt 1991) und studierte auch an der Cooper Union in New York bei Diller und Scofidio. Seit 2006 ist Dietz außerordentlicher Professor für Architectural Design an der EPFL und Direktor des Ausbildungslabor ALICE an der Fakultät für Architektur, Bau- und Umweltingenieurwesen. Er arbeitet mit dem ALICE-Team an Forschungsprojekten unterschiedlichster Größe.

BEATRIX EMO ist Architektin und Direktorin von Spatialist Arch. Sie promovierte an der Bartlett School of Architecture, wo sie erforschte, wie Menschen städtische Räume erleben. Emo arbeitet als Postdoktorandin am Lehrstuhl Cognitive Science in einer interdisziplinären Gruppe, wo sie den Schwerpunkt auf die Interaktion der Menschen mit der Umgebung legt. Stadtplanung, Raumsyntax und Raumkognition zählen zu ihren Interessengebieten und sie führt Experimente in realen und virtuellen Umgebungen durch. Für ihr Projekt „Human Centered Urban Design: Analyzing pedestrians' perceived density of public space" erhielt Emo den Career Seed Grant der ETH. Emo war Gastdozentin am Institut für Geschichte und Theorie der Architektur (gta) der ETH Zürich, an der Bartlett School of Architecture am University College London sowie am Fachbereich Architektur der Technischen Universität Kaiserslautern (fatuk).

ANDRI GERBER ist Architektur- und Städtebauhistoriker sowie Metaphorologe. Er studierte an der ETH Zürich Architektur und arbeitete als projektverantwortlicher Architekt und Projektmanager für Peter Eisenman in New York. Für seine Promotion 2008 an der ETH Zürich wurde Gerber mit der ETH-Medaille ausgezeichnet. Von 2008 bis 2011 war er Gast- und assoziierter Professor an der *Ecole spéciale d'architecture* in Paris. Ab 2011 war Gerber Dozent und seit 2017 ist er Professor für Städtebaugeschichte an der Zürcher Hochschule für Angewandte Wissenschaften (ZHAW). Seine Habilitation, finanziert durch ein Ambizione-Stipendium des Schweizerischen Nationalfonds zur Förderung der wissenschaftlichen Forschung (SNF), schloss er 2016 am Institut für Geschichte und Theorie der Architektur der ETHZ ab. Gerber ist seit August 2017 Privatdozent an der ETH Zürich. Sein Forschungsinteresse gilt Raum und Metaphern, insbesondere aus der kognitiven Perspektive.

PETER HOLGATE studierte in Liverpool und Oregon Architektur und war in London, San Francisco, Frankfurt und Newcastle upon Tyne als Architekt tätig. Als früherer Direktor von FaulknerBrowns Architects zeichnete er für diverse preisgekrönte Projekte verantwortlich. Seit 2005 lehrt er Architektur an der Northumbria University, promovierte 2016 in Bildungswissenschaften und ist derzeit als außerordentlicher Professor für Architektur sowie Leiter des Fachbereichs Learning and Teaching tätig. Holgate ist Senior Fellow und Academic Associate der Higher Education Academy, Mitglied der Association of Architectural Educators, Mitglied des Exekutivkomitees des Assessment in Higher Education Networks und externer Prüfer für das Architects Registration Board der Universitäten Robert Gordon, Bath und VIA.

CHRISTOPH HÖLSCHER ist seit 2013 ordentlicher Professor für Kognitionswissenschaft am Departement Geistes-, Sozial- und Staatswissenschaften der ETH Zürich mit Schwerpunkt angewandte Kognitionswissenschaft. Seit 2016 ist Hölscher zudem Principal Investigator am Singapore ETH Center (SEC) Future Cities Laboratory und leitet dort eine Forschungsgruppe zum Thema „Cognition, Perception and Behavior in Urban Environments". Er besitzt einen Doktortitel in Psychologie von der Universität Freiburg, arbeitete als Honorary Senior Research Fellow an der Bartlett School of Architecture des University College London und als Gastdozent an der Northumbria University Newcastle. Hölscher verfügt über mehrere Jahre Erfahrung aus der Wirtschaft im Bereich Mensch-Maschine-Interaktion und Usability-Beratung. Kernaufgabe seiner Forschungsgruppen in Zürich und Singapur ist die Untersuchung der komplexen Interaktion von Menschen mit ihrer physischen, technischen und sozialen Umgebung, wobei der Schwerpunkt auf kognitiven Prozessen und aufgabenorientiertem Verhalten liegt.

LUCÍA JALÓN OYARZUN, ALICE EPFL, ist Architektin und Wissenschaftlerin, die ihr Studium an der ETSAM School of Architecture of Madrid absolvierte, wo sie 2017 promovierte. Sie ist Forschungsleiterin am ALICE der EPFL und Direktorin für akademische Angelegenheiten an der Escuela SUR, einer Graduiertenschule für Kunst in Madrid.

STEFAN KURATH ist Architekt und Stadtplaner. Er studierte in der Schweiz und den Niederlanden. 2011 wurde ihm die Doktorwürde (summa cum laude) von der HCU in Hamburg verliehen. Seit 2012 ist er Professor für Architektur und Stadtplanung an der Zürcher Hochschule für Angewandte Wissenschaften (ZHAW). Daneben führt er sein eigenes Büro in Zürich und Graubünden. Seine Interessengebiete sind die Geschichte der bebauten Umgebung, urbane Morphologie, öffentlicher Raum und die Beziehung zwischen der Architektur der Stadt und der Gesellschaft.

JULIEN LAFONTAINE CARBONI, ALICE EPFL studierte an der Paris-Malaquais (ENSAPM, MSc Arch 2017) und in Clermont-Ferrand (ENSACF). Derzeit promoviert er am ALICE. Er untersucht die Geschichte der Stadt mithilfe der sogenannten Protofiguration. Dabei werden Taten und Gesten von Siedlungen in der pluralistischen Zivilisation anhand von Diagrammen, potenziellen und einsatzfähigen Geometrien der Transindividuation untersucht.

CORNELIE LEOPOLD lehrt und forscht auf dem Gebiet der Architekturgeometrie am Fachbereich Architektur der TU Kaiserslautern in ihrer Funktion als akademische Direktorin und Leiterin des Fachgebiets Darstellende Geometrie und Perspektive. Sie studierte Mathematik, Philosophie und Germanistik an der Universität Stuttgart mit Schwerpunkt Geometrie, Ästhetik und Wissenschaftsphilosophie. Sie ist Mitglied der Redaktionsleitung des *Nexus Network Journal*, des *Journal for Geometry and Graphics* und des wissenschaftlichen Komitees des Magazins *Diségno*. Leopold ist Autorin und Herausgeberin mehrerer Bücher und beteiligte sich mit Vorträgen und Reviews an zahlreichen internationalen Konferenzen, Zeitschriften und Buchreihen. Im Jahr 2017 war sie Gastdozentin an der Università Iuav di Venezia. Ihre

Forschungsschwerpunkte sind: Architekturgeometrie und Entwerfen, Visualisierung von Architektur, Weiterentwicklung des räumlichen Vorstellungsvermögens sowie der philosophische Hintergrund von Architektur.

THOMAS F. SHIPLEY ist Psychologieprofessor im Bereich der Kognitionswissenschaft. Sein Psychologiestudium absolvierte er an der University of Pennsylvania, wo er 1988 auch seinen Doktortitel erhielt. Von 1988 bis 1991 war er als Postdoktorand am Swarthmore College und von 1991 bis 1993 als Hochschulassistent an der University of Georgia in Athens, USA, tätig. Ab 1993 arbeitete er als Assistenzprofessor und seit 2018 als Professor an der Temple University in Philadelphia, USA. Zu Beginn seiner Forschungstätigkeit konzentrierte er sich auf die Wahrnehmung von Objekt und Ereignis, und sein aktueller Interessenschwerpunkt liegt auf der Rolle des räumlichen Denkens beim Studium und in der Praxis der Geowissenschaften.

NOAH H. SHIPLEY ist Student im vierten Jahr an der Rhode Island School of Design und studiert derzeit Architektur mit Schwerpunkt Natur, Kultur und Nachhaltigkeit. Er interessiert sich für Landschaften und deren Darstellungen, projektive Geometrie und wachstumsfähige Architektur.

DETLEF SCHULZ schloss sein Architekturstudium an der ETH Zürich unter Prof. Hans Kollhoff 1991 mit dem Diplom ab. Zwischen 1991 und 2000 war er bei Bétrix & Consolascio (Erlenbach), Burgdorf & Burren (Zürich) und Meili & Peter (Zürich) angestellt. Gemeinsam mit Philipp Esch führte er von 2000 bis 2003 ein Büro in Zürich und gründete dann in Zürich sein eigenes Büro, wo er von 2003 bis 2006 arbeitete. Im Jahr 2006 rief er mit Barbara Burren und Ilinca Manaila die GFA Gruppe für Architektur Ltd. ins Leben. Von 2001 bis 2008 arbeitet er als Assistent von Prof. Adrian Meyer an der ETH Zürich. Seit 2007 ist er Dozent für Entwurf und Konstruktion an der Zürcher Hochschule für angewandte Wissenschaften ZHAW und seit 2006 Mitglied im Bund Schweizer Architekten (BSA).

ELSBETH STERN ist kognitive Psychologin mit Schwerpunkt auf dem Erlernen von MINT-Fächern in unterschiedlichen Altersstufen. Als Professorin für Lehr- und Lernforschung an der ETH Zürich leitet sie ein Ausbildungsprogramm für Lehrpersonen. In über 100 Aufsätzen und diversen Büchern beschäftigte sie sich mit der Interaktion zwischen individuellen Voraussetzungen und der institutionellen Lernunterstützung.

DAVID UTTAL ist Professor für Pädagogik und Psychologie an der Northwestern University. Zudem ist er Northwestern University Dan Linzer Fellow für Entwicklungswissenschaft, eine Auszeichnung der Fakultät zur Würdigung seiner Vorreiterrolle in der interdisziplinären Forschung. Uttal erhielt 2014 von der American Psychological Association den George Miller Award für die beste Abhandlung in allgemeiner Psychologie und bekam 2016 vom *Journal of Geography* den Research Award verliehen. Er war Hauptuntersuchungsleiter bei zwei Projekten, die einen Forschungszuschuss des US-amerikanischen Bildungsministeriums erhielten, und bei einem Projekt, das mit einem Ausbildungszuschuss desselben Ministeriums gefördert wurde. Derzeit ist Uttal Direktor des Spatial Intelligence and Learning Center. Außerdem verfasste er ungefähr 100 Artikel und Buchkapitel, von denen viele in renommierten Zeitschriften, wie *Psychological Bulletin* und *Child Development*, veröffentlicht wurden. In seiner Forschung beschäftigt sich Uttal mit der Entwicklung der Raumkognition bei Kindern, wobei er anhand von Experimenten das Erkennen konkreter Objekte als Symbole sowie das Erkennen und die Erinnerung an räumliche Objekte auf Landkarten untersucht. Außerdem studiert Uttal die Beziehung zwischen räumlichen Fähigkeiten und der Leistung in MINT-Fächern, wobei er über die Korrelationen hinaus die kausalen Zusammenhänge ergründen will.

BILDRECHTE

Andri Gerber
Bild 1 Gropius, Walter. *Scope of Total Architecture*. London: Allen & Unwin, 1956.
Bild 2 Schubert, Otto. *Optik in Architektur und Städtebau*. Berlin: Mann, 1965, 17.
Bild 3 Fludd, Robert. *Utriusque cosmi maioris scilicet et minoris (...) historia*, tomus II (1619), tractatus I, sectio I, liber X, *De triplici animae in corpore visione*.
Bild 4 Edwards, Trystan. *Style and Composition in Architecture* (1926). London: John Tiranti Ltd., 1945, 118–9.

Beatrix Emo, Christoph Hölscher
Bild 1 Bild nach Dalton, Ruth Conroy und Christoph Hölscher. *Take One Building. Interdisciplinary Research Perspectives of the Seattle Central Library*. Abingdon, Oxon: Routledge, 2017.

Peter Holgate
Bild 1 © Injeong Jo und Sarah Witham Bednarz

Detlef Schulz
Bild 1 Ostwalds Klassiker der exakten Wissenschaften, *Nr. 235. Euklid: Die Elemente 1. Teil: Buch I–III*. Aus dem Griechischen übersetzt und herausgegeben von Clemens Thaer, Leipzig: Verlag Wilhelm Engelmann, 1933.
Bild 2 Vitruvio. *I dieci libri di architettura di M. Vitruvio*, tradutti et commentati da Monsignor Barbaro. In Vinegia: per Francesco Marcolini, 1556. ©ETH library Zurich, Rar 6731, https://doi.org/10.3931/e-rara-26800/ Public Domain Mark
Bild 3 Rowe, Colin. *The Mathematics of the Ideal Villa and Other Essays*. Cambridge, Massachusetts and London: MIT Press, 1976.
Bild 4 Bettagno, Alessandro. *Piranesi*. Vicenza: Neri Pozza Editore, 1978.

Dieter Dietz, Lucía Jalón Oyarzun, Julien Lafontaine Carboni, Teresa Cheung
Bild 1–4 © Dieter Dietz, Alice, EPFL

Andri Gerber, Michal Berkowitz
Bild 1 Peters, Michael, Bruno Laeng, Kerry Latham, Marla Jackson, Raghad Zaiyouna und Chris Richardson. „A Redrawn Vandenberg & Kuse Mental Rotations Test: Different Versions and Factors that affect Performance." In *Brain and Cognition*, 28, 1995. Mit freundlicher Genehmigung von Michael Peter.
Bild 2 CEEB, *Special Aptitude Test in Spatial Relations*, USA, 1939.
Bild 3 Kozhevnikov, Maria und Mary Hegarty. „A dissociation between object manipulation spatial ability and spatial orientation ability." In *Memory & Cognition*. 29 (5), 2001, 745–756. Hegarty, M. und D. Waller. „A dissociation between mental rotation and perspective-taking spatial abilities." In *Intelligence*, *32*(2), 2004, 175–191.
Bild 4–9 © Michal Berkowitz, Andri Gerber

Cornelie Leopold
Bild 1–4 © Cornelie Leopold

David Uttal
Bild 1 I. Resnick und T. F. Shipley. „Breaking new ground in the mind: an initial study of mental brittle transformation and mental rigid rotation in science experts." In *Cognitive processing, 14* (2), 2013, 143–152. Mit freundlicher Genehmigung von Thomas Shipley

Thomas F. Shipley, Noah H. Shipley
Bild 1–2 © Thomas F. Shipley
Bild 3 © Jungyoon Kim ©Su-Yeon Angela Choi (MLA 2019 Harvard GSD)

Andri Gerber
Bild 1–4 © Andri Gerber